専門職としての
介護職とは

石川由美 著
ISHIKAWA Yumi

人材不足問題と
専門性の検討から

クリエイツかもがわ
CREATES KAMOGAWA

# まえがき

　私は数年前、首都圏の特別養護老人ホームで管理者として勤務していました。そのときに経験した介護職場の厳しい人手不足が、大学院での研究のきっかけとなりました。私が着任した当時、その施設は開設4年目で比較的新しい施設でしたが、開設時に入職した介護職員の多くがすでに離職していました。また、離職者が相次ぐ一方で入職者が追いつかず、超過勤務が常態化している状況でした。勤務シフトは、超過勤務することを前提として組まれており、例えば、夜勤入りの前に3時間早く出勤したり、夜勤明けで昼過ぎまで残業したりということが長期間続いていました。正規雇用の職員がなかなか集まらないため、日勤帯はパート職員や派遣職員でつなぎ、その一方で、正規雇用の職員は夜勤の回数が増え、心身の負担が重くなっていました。介護リーダーやベテランの職員には、本来なら日中に職員の指導や入居者・ご家族への対応などに気を配ってほしいところでしたが、それが叶わない状況でした。

　人手不足はさらなる離職者を生みました。ベテラン職員は、過重な業務負担と、入居者の方々に思うようなケアができない葛藤と不満を抱えて離れていきました。また、せっかく入職した新しい職員も、先輩職員からの十分なサポートが受けられないことから、精神的な負担や人間関係を理由に辞めていくのでした。そして、何よりも、そのような状況は、利用者に提供するケアの質が担保できなくなることにつながり、二重三重の悪循環を起こしていました。その後、複数あるユニットの一部を閉鎖し、在職者の労働環境の改善を図りつつ、介護職員を確保しましたが、入職者に対して、介護の資格の有無や経験年数などを問える状況ではありませんでした。また、その間、施設の入居待機者は100人以上おり、特別養護老人ホームが受け入れを中断することは、社会的な責任を十分果たせなくなるのだということも痛感しました。

　今日、介護が必要な高齢者が急増する一方で、家族構造の変化や家族観の多様化などから、介護を社会全体で担うことの必要性は多くの人が感じるところとなっています。2000年にスタートした介護保険制度においても「介護

の社会化」が大きく掲げられました。それと、同時に、国民の介護を支える専門職として、介護職に求められる役割や期待も大きくなっています。では、多くの人が必要だと感じ、社会的に期待されている職業に、なぜ、人が集まらないのでしょうか。以前、高校の進路指導部の先生を訪問した際に、生徒が介護職に興味を持っていても、保護者が「介護職になるなら看護師になったほうがいい」とストップをかけるという話を何度か耳にしました。また、進路指導部の先生自身の口からも「生徒の将来を考えたら、介護職は勧められない」という言葉も聞きました。これらは、介護労働や労働条件についてのネガティブなイメージ、とくに賃金が低いということが要因となっています。若者に敬遠される仕事には誰が就くのでしょうか。養成教育や国家資格はどうなっていくのでしょうか。少し極端な言い方をすると、私たちの社会には、いま介護を受けている人と、これから介護を必要とする人の二通りしかいません（程度の差こそあれ）。社会の人々は、自分や家族が介護サービスを利用するときに、介護職員にどのようなことを求めるでしょう。誰しも、自分の心身の状態のことや、これまでの生活で大切にしてきたこと、してほしいこと・してほしくないことを知ってもらいたいと思うでしょう。そして、何より要介護状態となっても、人としての尊厳を脅かされることなく、安心して介護を任せられる人にお願いしたいと望むことでしょう。そのためには、知識・技術・倫理観を兼ね備えた、専門性の高い介護人材の養成が不可欠です。専門性の高い介護が求められる一方で、そこに従事する介護職の労働条件や社会的地位が低いままではつじつまが合わないのです。

　本研究では、このような自らの経験を通して感じた、介護人材確保政策や介護保険制度のあり方についての疑問がベースになっています。介護職を取り巻く状況は、事業所や職員個人の努力だけでは解決できない問題であり、介護人材確保に関する制度・政策上の構造や、核となる考え方そのものを検証する必要があると考えました。人材不足は単に「不足」しているのではなく、人材確保困難というのがその実態であり、本研究ではその原因を解明することを課題としました。介護職自身が、専門職としての誇りを持てるような

資格制度、権限、労働条件と労働内容が整備され、多くの人に「介護職になりたい」と思われるようになってこそ、質の高い介護が実現するのではないでしょうか。

　本書は、介護職の皆様がご自身の仕事に誇りを持ち、その価値を社会に働きかけて行くきっかけの一助となれば望外の喜びです。また、本書を手に取ってくださった多くの皆様が、介護職の担う役割と、彼らがおかれている現状について、ご自身の生活問題と重ね合わせてご一考いただけることを願っております。


石川　由美

## 本書の紹介と出版の意義

石倉　康次（元立命館大学教授 総合社会福祉研究所理事長）

　介護の社会化が社会的に要請される中で、施設介護職員や訪問介護職員がともに人材確保難に逢着していることは周知のことである。また近年のコロナ禍においてその問題が広く国民の前に明らかになり、政府も処遇改善の手立てを取ったが、その成果はみえにくい。本著作は、日本において介護職の形成期より介護保険制度成立を経て今日に至るまで過程をたどり、専門職として確立されていく上での構造上の問題があったことを解明し、打開の方向を探ることを課題としている。

　本書の第1章では、介護職の人材確保政策が量の確保を優先した問題点を洗い出す。1990年代初頭から量的確保に重点が置かれ、質的確保については段階的な養成研修課程が創設されたこと、1990年代後半からは、介護保険制度の施行下で、人員不足・財源不足が深刻化すると、養成研修のハードルはさらに下げられ、より短時間で多くの人員を介護分野に参入させようとする政策が展開されてきたことを明らかにした。介護職員の賃金については、「主婦ならだれでもできる仕事」という性別役割分業の考え方や、非正規雇用の低い賃金水準、さらにボランティアの混在等により、低コストの働き手として位置づけられた。他方、「正規職員化闘争」や自主研究グループなどによる優れた実践の中に萌芽し始めていた、「利用者・国民の人権保障を実現しようとする」専門性は軽視され、サービス提供は行為ごとの「細切れ」、「駆け足介護」となった。身体介護が重視され生活援助の専門性を軽視する政策が介護報酬にも表れ、働きがいを見失わせ、介護職員の価値を低く認識させることに繋がっていったことを明らかにする。

　第2章では、資格制度化への各界の動きを検討した。介護福祉士資格創設の政策側の意図は、介護需要の高まりに対するマンパワー不足を補うために民間シルバーサービスを参入させる必要性によるものであった。社会福祉関

係者は、国家資格創設にあたって政策側の意図にほぼ無条件に迎合する態度をとった。看護職や家政婦などの隣接職種の団体が、自らの職域を侵害されることを危惧して強い圧力をかけた。こうした関係者間の政府内外での対抗意識や軋轢から、互いの専門性を高めていくような働きかけに結びつかず、短期間、国家試験無試験コースを設けることで隣接職種と妥協し、高い水準を求めることができなかったことを解明した。

第3章では、介護職の専門性に関する議論の到達点を整理した。「理念・目的」は生活基盤を整える関わりを通して利用者の生命と尊厳を守り、そのことによって利用者の生きる意欲を高め、利用者固有の生活問題の解決に向けて、利用者とともにその人らしい幸福な生活を追求していくことにあるとされた。「理論」は、社会福祉領域の知識・技術、制度の理解を前提とし、隣接・関連領域の学際的な取り込みによる人間全体の理解を必要とし、さらにそれらを個別性に応じて応用・統合できることとされた。「実践方法・技術」においては、科学的根拠と客観的に裏付けられた手法をもち、予測の上に立ち、悪化防止や緊急事態への適切な対応、および生活障害の悪化を予防する実践。人間関係形成技術、生活行為を成立させるための技術、家事機能を維持拡大する生活技術、援助を通してニーズを顕在化させる目配りと鋭い観察力などが求められるとされた。「手段的価値」として、利用者と援助者の対等性、個別性の理解、共感的態度、自己決定の尊重、民主主義、人道主義、守秘義務、自己覚知といった価値基準が求められるとされたことなどを確認している。

「資格制度」を検討した第4章では、人材育成のハードルが下げられたことが介護職全体の専門性の構築を阻み、介護福祉士の国家資格の取得が、真に専門的な援助の実践者として社会に認められることに繋がっておらず、厚労省の提唱する「富士山型」の人材構造は、一部の者にのみ専門性を求め、その他の者には高い専門性は不要とする考え方であり、求められる「高い専門性」は、重度者や医療依存度の高い人への対応ができることであると捉えるような、医療モデル的に偏向していると批判している。

「権限」を検討した第5章では、介護保険制度の下では業務の細分化や業務

範囲の制限などにみられる裁量権の弱さがあることを指摘し、2011年から介護職の業務として位置づけられた「医療的ケア」では、十分な権限や賃金評価を与えられないまま看護職の補助・補完的な業務を担わされ、介護職の「生活問題を支える」という介護職の中心部分が弱められる傾向にあると指摘している。

「労働条件と労働内容」を検討した第6章では、介護現場は他職種に比べて正規職員の割合が少ないこと、非正規職員の中にも多様な雇用形態の者が混在し、就労意識にもばらつきがあり、相互の連帯や支え合いが機能しづらくなっている。非正規職員には労働時間等の制約があり、正規職員の労働負担が重くなり、適正なバランスで業務を分担できない状況が起きている。他方で、生産性向上と標準化という考え方が導入され、デジタル・テクノロジーを活用して、身体状況の改善を重視しインセンティブを与える成果主義とその管理主義が推進されていると指摘する。

以上の検討を踏まえ、終章では、専門職としての存立していくための基盤整備の課題として、①介護職種内の資格ごとの職務範囲の制限と、仕事の内容に見合った待遇の違いの明確化、②介護する「場」や「対象」の特性を重視した「横の拡がり」のある教育・研修システムの構築、③自律性のある業務範囲の拡大とその対価の保障、④労働特性に見合った人員配置基準と専門性の適正な評価などの、具体的な改革課題を提起している。

このような系統的で多面的な検討をおこなった本書であるが、著者自身の長年の現場経験に根ざした現場でのリアルな実態と、介護職にかかわる理念や専門性に関する研究者の議論の到達点とを対照させながら問題点を歴史的に掘り下げ明らかにしているところにまず、大きな意義を有している。また、職能団体や専門家集団の見解を、介護福祉士創設期と基礎構造改革期以降に分け整理分析している点は、資料的価値も大きい。さらに、介護職の専門性をめぐる問題点を人材確保政策に焦点を据えて掘り下げたことによって、従来の専門職論一般や他方で現場実践から導き出すような議論を超えて、人材確保・養成政策が専門性確立と密接に関連していることを明らかにしている。

この点は専門性論に新たな地平を開くものであり、同時に今日の人材確保難の要因の解明を専門性とかかわらせて明らかにする筋道を導き出していると言える。第4に、介護職が専門職として成り立つ方向を、医療モデルによらない「生活問題を支える」専門職として確立していく課題として、横の広がりのある教育・研修システム、自律性のある業務範囲の拡大、人員配置基準と適正な処遇の提起は、論理的に支持できる。

　本研究の到達を踏まえた今後の課題としては、まず介護福祉士の資格は業としての資格であり、業務内容に関する資格ではない点についての区別と吟味が必要と思われる。次に、筆者が課題に最初に挙げている三つの資格ルートを職務範囲の制限と待遇の違いとして明確化すべきという提起は、いわゆる「富士山型」とはどう異なるのかより明確にしていただきたい。さらに、介護職の専門性には実践を通して成果と課題や役割を日々検証していくという研究労働としての面も有している。このような側面が有効に機能していく条件の確保も専門職としては不可欠な検討課題である。

　本書が、介護職が日本において専門職として確立させていくことをねがう多くの人たちに読まれ、課題を切り開いていく共同の営みの前進に寄与することを期待したい。

# もくじ

序　章

研究課題と方法

# 1節　問題の所在

## 1-1 介護現場の深刻な人材不足

　介護需要は年々高まる中、介護人材の不足は深刻な状況であり、第8期介護保険事業計画に基づく介護職員の必要数は、2023年度には約233万人、2025年度には約243万人、2040年度には約280万人と推計されている（図序-1）。一方で、2019年度の介護職員数をもとにした不足数は、2023年度が約22万人、2025年度には約32万人、2040年度には約69万人と推計されている（厚生労働省社会・援護局福祉基盤課福祉人材確保対策室2021）（表 序-1）。

　近年は、高齢単身世帯や高齢者のみの世帯の増加、生涯未婚率の増加などにより、社会で介護を担っていく必要性がさらに高まることが予測される。したがって、その役割を担う介護職員の量および質の確保は、現在、介護サービスを利用している人だけでなく、すべての国民の生活と生命を守るうえで極めて重要である。それにもかかわらず、現状においては、その需要を満たせない状況である。

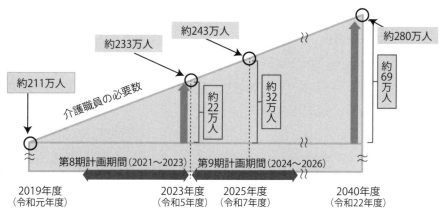

**図 序-1.　第8期介護保険事業計画に基づく介護職員の必要数について**
（出所:厚生労働省「第8期介護保険事業計画に基づく介護職員の必要数について」をもとに筆者作成）

　2020年度の有効求人倍率では、施設介護職員が3.90倍、訪問介護員が14.92倍で（社会保障審議会介護保険部会 2022）、全職業平均の1.10倍を大きく上回っている（厚生労働省職業業務安定統計 2021）（図 序-2）。特に訪問介護員の有効求人倍率が高く、厳しい人材不足の状況にあることがわかる。

　令和2年度の「事業所における介護労働実態調査」によると、職種別の従業員の過不足状況は、訪問介護員については80.1%、介護職員については66.2%の事業所が「不足感」を感じている（「大いに不足」、「不足」、「やや不足」の回答の合計）（図 序-3）。不足している理由については、「採用が困難である」が86.6%で最も多く、次いで「離職率が高い」が18.2%となっている（図 序-4）。さらに、「採用が困難である」の原因については、「他産業に比べて、労働条件等が良くない」が53.7%と最も高く、次いで「同業他社との人材獲得競争

**表 序-1. 第8期介護保険事業計画に基づく介護職員の必要数と不足数の推計**

|  | 介護職員の必要数 | 不足数 |
|---|---|---|
| 2023年度 | 233万人 | 22万人（5.5万人／年） |
| 2025年度 | 243万人 | 32万人（5.3万人／年） |
| 2040年度 | 280万人 | 69万人（3.3万人／年） |

※不足数は、2019年度の介護職員数（211万人）との比較による
（出所：厚生労働省「第8期介護保険事業計画に基づく介護職員の必要数について」をもとに筆者作成）

**図 序-2. 介護職員の有効求人倍率の推移**
（出所：厚生労働省「職業安定業務統計」および「第93回社会保障審議会介護保険部会資料」をもとに筆者作成）

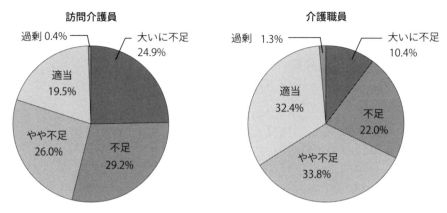

**図 序-3. 事業所における職種別従業者の過不足状況**
（出所：介護労働安定センター「令和2年度介護労働実態調査—事業所における介護労働実態調査　結果報告書」をもとに筆者作成）

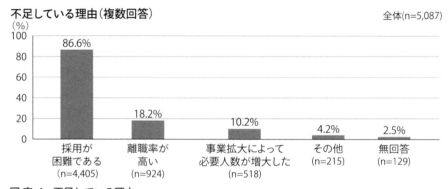

**図 序-4. 不足している理由**
（出所：介護労働安定センター「令和2年度介護労働実態調査—事業所における介護労働実態調査　結果報告書」をもとに筆者作成）

が激しい」が53.1%、「景気が良いため、介護業界へ人材が集まらない」が19.1%となっている（介護労働安定センター 2021:47-48）（図 序-5）。

　また、首都圏ではその傾向が顕著であり、なかでも東京都は、2019年の介護関連職種の有効求人倍率が7.15倍（全産業は1.80倍）となっている。2019年の「都内介護人材状況調査」によると、直近1年間の職員の採用活動の状況は、「非常に苦戦」または「やや苦戦」と回答した事業所がいずれのサービスにおいても80%以上を占めている。また、人材の確保が困難になっている要因に

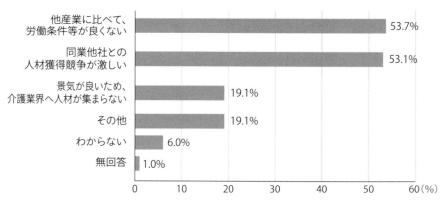

図 序-5. 採用が困難である原因（複数回答）
（出所：介護労働安定センター「令和2年度介護労働実態調査—事業所における介護労働実態調査　結果報告書」をもとに筆者作成）

ついては「希望する人材要件に合致する人材が不足」という回答が81.1%となっている（東京都介護人材総合対策検討委員会 2020）。介護職員の採用率と離職率の状況をみると、訪問介護員では、採用率15.0%、離職率15.6%、介護職員では採用率16.7%、離職率14.7%で、採用しても同程度の者が離職していく状況である（介護労働安定センター 2021）。図 序-6に示すように、離職率は平成28年以降、若干減少しているが横ばい状態で推移しており、入職してもその多くは離職していく状況である（介護労働安定センター 2020）。また、図 序-7に示すように、入職後、短期間で離職する者が多く、訪問介護員では「1年未満の者」が31.1%、「1年以上3年未満の者」が22.6%、介護職員では「1年未満の者」が38.3%、「1年以上3年未満の者」が25.9%となっている。特に、有期雇用の介護職員に顕著で、入職して1年未満の離職者が47.4%、3年未満の離職者が72.8%という高い割合を示している（介護労働安定センター 2021）。

## 1-2 人手不足が資質・専門性に及ぼす影響

　このような状況から、介護現場は、入職後の定着性が低く、流動性の高い

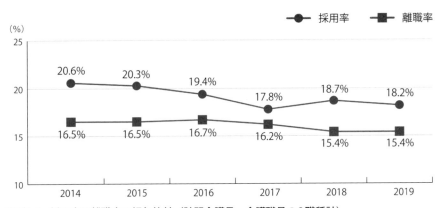

**図 序-6. 採用率と離職率の経年比較（訪問介護員、介護職員の2職種計）**
（出所：介護労働安定センター「令和元年度介護労働実態調査—事業所における介護労働実態調査　結果報告書」をもとに筆者作成）

### 離職者の勤務年数（職種・就業形態別）

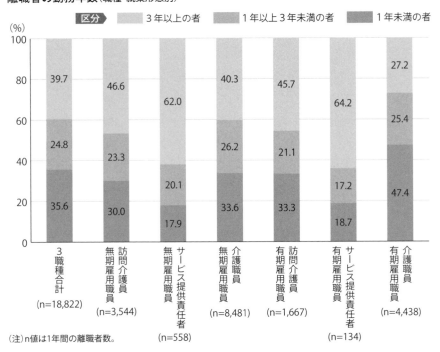

（注）n値は1年間の離職者数。

**図 序-7. 離職者の勤務年数**
（出所：介護労働安定センター「令和2年度介護労働実態調査—事業所における介護労働実態調査　結果報告書」をもとに筆者作成）

状況であることがわかる。職場の人材の流動性が高い場合、高いスキルを持った者が入職することによって職場が活性化するというメリットがある。しかし、介護現場は厳しい人材不足（人材確保困難）によって、必要な資質を備えていない者を就業させざるを得ない状況にある。この状況での人材の流動性の高さは、知識・技術の積み上げや継承を妨げ、専門性の蓄積を困難にさせることにつながるためデメリットが大きい。また、常に新入職員がいる状態となり、指導する職員の負担が増加する。さらに、入職して短期間で離職する者が多いことは、指導する職員のモチベーションに負の影響を及ぼす可能性がある。このような介護現場の状況は、公的責任の下に提供される介護サービスの質保証において問題がある。

**「総合的な確保方策」の目指す姿〜「まんじゅう型」から「富士山型」へ〜**

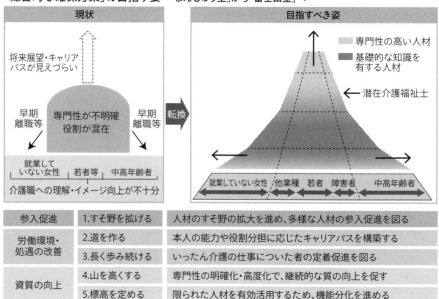

**図 序-8.介護人材の構造転換**（「まんじゅう型」から「富士山型」へ）
（出所：社会保障審議会福祉部会（第5回）「2025年に向けた介護人材の確保〜量と質の好循環の確立に向けて〜」をもとに筆者作成）

　2015年2月、政府は2025年に向けて37.7万人の介護人材が不足すると推計し、新たな人材確保政策として「2025年に向けた介護人材の確保〜量と質の好循環の確立に向けて〜」を示した。「総合的な確保方策」の目指す姿として、これまでの介護人材の構造を、「専門性が不明確、役割が混在している『まんじゅう型』」と表現、「意欲・能力の違いを問わず、一様に介護人材の量的・質的確保を目指してきた従来の考え方を転換し、限られた人材を有効に活用するため、介護人材の機能分化を進める」とし、今後は5つの目指すべき姿を見据えた「富士山型」に転換する方針を示した（社会保障審議会福祉部会福祉人材確保専門委員会 2015）（図 序-8）。

　新たな人材確保政策では、①「人材のすそ野の拡大を進め、多様な人材の参入促進を図る」、②「本人の能力や役割分担に応じたキャリアパスを構築する」、③「いったん介護の仕事についた者の定着促進を図る」、④「専門性の明確化・高度化で、継続的な質の向上を促す」、⑤「限られた人材を有効活用するため、機能分化を進める」という5つの目指すべき姿が示されている。

# 2節　先行研究の概要

　介護福祉政策の変遷を踏まえた代表的な先行研究を以下に示す。

　通史としては、ホームヘルパーの前身である家庭奉仕員制度について、1950年代の制度発足時から1970年代までの在宅介護労働の変遷を明らかにした渋谷光美（2014）の研究がある。渋谷は、家庭奉仕員制度創設の社会的要因と労働の位置づけ、1960年代から1970年代にかけての家庭奉仕員による、正規職員化闘争とその歴史的意義など、介護の普遍的特性の観点から社会福祉サービスである在宅介護労働の変遷を明らかにした。また、1950年代から1990年代までのホームヘルプ事業の展開と変遷を整理したものとしては須賀美明（1996）

の研究がある。須賀は、ホームヘルパーが、医療と連携して在宅介護を実践する中から援助を作り変えたこと、従来、家事援助と身のまわりの世話に過ぎないと見なされていたものは、衣食住を通じて利用者の心身機能を高め、自立を支援するアプローチであることを見つけ出していった過程について述べた。

　介護福祉士資格創設時の経緯に焦点をあて、介護職が専門職として確立しているかどうかについて検討したものとして白旗希実子（2011）の研究がある。白旗は、介護福祉士資格創設においては、介護従事者たちではなく、国の主導権の下で、資格制度および養成制度が積極的に整備されていったため、半専門職にとどまったこと、つまり、介護職は、国によって専門職としての形を作られたのであり、介護職の本質的な専門性が、専門職の専門性と異なるのは当然のことであると述べている。国家資格の創設と、その後の養成校を創設する学校法人や、社会福祉施設を創設する社会福祉法人、社会福祉産業を展開する企業が、それに乗じたことも専門職（のような形）として誕生することに相乗効果を与えたが、介護職は「感情」を中核とした業務を行うことを、その専門性として位置づけており、従来の専門職モデルとはかけ離れていると述べている。

　介護保険制度が介護をいかなる労働として可視化し、介護の社会的評価にいかなる貢献と課題をもたらしたのかについて検討したものとして森川美絵（2015）の研究がある。森川は、訪問介護の領域を検討課題として、制度創設以前の展開を含めた通史的観点から批判的に検証した。「介護保険制度による介護の社会化」という形をとった福祉多元主義の介護モデルは、介護を「家族の外側」において流通させるという点では重要な役割を果たした一方で、「市場モデルへの住民参加の従属化」により、主婦的な経済評価に依拠することとなったと指摘している。

　介護職の職業的発展課題と専門能力について、隣接職種である看護職の発展経緯との比較検討を試みたものとして高橋幸裕（2015）の研究がある。高橋は、看護職がたどってきた歩みを踏まえて、介護職が社会的地位と専門性を高めるための要件について検討、チームケアと医療ケアを実践することこそが、社会的地位と職業的魅力を高めることになり、マンパワーの確保と労働

環境や雇用条件の改善につながる道筋だと述べている。

# 3節　研究課題と研究の意義

## 3-1　研究課題

　今日の介護人材不足の背景として、一般的には、急速な高齢人口の増加に伴う介護需要の高まり、少子化による生産年齢人口の減少、家族構造の変化による親の扶養意識の変化、女性の社会進出などがあげられる。また、メディアなどの影響によって労働条件の悪さや、社会的低評価のイメージが人々に刷り込まれていることも要因になっていると考えられる。介護人材は社会的な需要が非常に高いにもかかわらず、有効求人倍率は常に高く、多くの介護事業所は職員の採用が困難、入職しても短期間で離職してしまうという慢性的な人材不足に陥っている。

　このような状況は、介護職員個人や介護事業所の努力だけでは解決できない問題であり、介護人材確保に関する制度・政策上の構造や、核となる考え方そのものを検証する必要がある。人材不足は単に「不足」しているのではなく、人材確保困難というのがその実態であり、その原因を解明することが課題である。

　本研究の目的は、これまでの介護人材確保政策の中で、介護職の専門性および介護労働がどのように捉えられ、位置づけられてきたのか、その歴史的経緯をたどり、今日の深刻な人材不足に至った要因や構造を明らかにすることである。また、介護人材確保政策と密接に関わりながら変容する養成教育制度と介護保険制度についてもあわせて検討し、介護職の専門性を発揮するための存立基盤がどのように整備されているのかについて、資格制度、権限、労働条件と労働内容の３点に着目し、近年の状況と問題点を明らかにする。

本研究において分析する研究課題は以下の４点とする。

【研究課題①】介護人材確保政策は、量的確保が最優先され、質的確保つまり人材養成の考え方に問題があるのではないか。人材養成においては、専門性の高い人材養成よりも、コスト性が優先されてきたのではないか。この点について検証するために、ホームヘルパーに対する人材確保政策の経緯をたどり、制度的にどのように位置づけられ、量的確保と質的確保の問題がどのような特徴をもって扱われてきたのかを明らかにし、人材確保政策がホームヘルパーの専門性構築に及ぼした影響について解明する。介護職が働く場は在宅と施設に大別される。介護職が公的制度として位置づけられた当初、在宅介護は「老人家庭奉仕員」、施設介護では「寮母」としてそれぞれ異なる発展経緯がある。ホームヘルパーに焦点をあてた理由は、利用者の居宅において行われる掃除、洗濯、買い物、調理等の日常生活を維持・継続させるための支援内容が、ともすれば家族介護の延長や代替として見られやすく、専門性構築に関する政策の影響が大きく表れている分野と考えるからである（第１章）。

【研究課題②】介護福祉士資格制度が創設されて30年以上経過しているが、介護現場は深刻な人材不足のため、国家資格保有者だけでなく、多種の養成教育背景を持つ人材が混在し介護労働者全体の質が問われる状況にある。現状を招いた要因として、国家資格創設時、介護職の専門性や労働の特性が明確にされず、曖昧なままスタートしたことが大きく関わっているのではないか。この点について検証するため、介護福祉士資格制度創設時の経緯と関係者による専門性に関わる議論を振りかえり、今日まで続く状況の引き金となった問題について明らかにする（第２章）。

【研究課題③】介護職の専門性とは何か、どのような労働特性を持っているのかということについて、これまで多くの研究者が議論しているが、さまざまな表現や枠組みが用いられていることから必ずしもわかりやすいとは言えな

い。介護職の役割が社会的に認められることや、それにふさわしい養成教育制度や労働環境の整備の必要性を訴えるためには、この点を明確にすることが重要であるため、先行研究における議論の到達点を見出す（第3章）。

【研究課題④】現状の介護人材確保政策および介護保険制度において、介護職の専門性や労働の特性が軽視されているのではないか。利用者本位の介護サービスを実現するにあたっては、その担い手である介護職が専門性を発揮するための条件整備が必要である。そこで、近年の資格制度・権限・労働条件と労働内容に焦点をあて、その整備の状況と問題点を明らかにする（第4章、第5章、第6章）。

　分析方法は文献研究とする。【研究課題①・②】については、介護人材確保政策および資格制度がどのような経過をたどって今日の状況を形成したのか、またその中で、介護労働者の社会的な位置づけや専門性がどのように捉えられてきたのか、時間軸に沿って明らかにする。そのため、施策の動向がわかる各種審議会議事録および資料、報告書、指針、厚生白書など、また、その時期の議論・諸先行研究（政策研究や現場実践など）や書籍等をあわせて収集して分析する。【研究課題③】については、まず、社会福祉分野において専門性の概念がどのように捉えられているかを確認する。次に、専門性概念の枠組みを用いて先行研究の議論を整理分類し、その到達点を明らかにすることを試みる。【研究課題④】については、【研究課題③】で明らかにした介護職の専門性が、今日の介護実践においてどのように実現されているのかを把握するために、資格制度・権限・労働条件と労働内容について、【研究課題①・②】で把握した内容のうち、近年の動向や特徴的に変化してきている点に着目して検討する。

## 3-2　本研究の意義

　本研究は、介護職が公的な職業となった1960年代から、今日までの介護福祉

政策の歴史的経緯を、人材確保政策・介護職員養成制度、2000年以降は介護保険制度を踏まえ、その中で、介護職の専門性がどのように捉えられ、どのように扱われてきたのかを通史的に把握する。そして、その中で介護職の資格制度、権限、労働条件と労働内容がどのような状況にあるのかを追求することによって、今日の厳しい人材不足問題の要因や構造が明らかになる。つまり、利用者・国民の生存権・人権が保障されているか、介護福祉労働に高い専門性・技術性が認められ、それが介護職員に求められているか、また、それを習得できるしくみがあるか、人権感覚豊かな民主的な人格を涵養し、専門性を発揮できる労働条件や教育研修制度などの存立基盤が整備されているかを検証することがたいへん重要である。そのことにより、その時々の政策を通して表れる「施策主体の意図を実践していく労働」という側面に対して、「人権・生存権保障を求める要求をどう実現していくかに取り組む労働」[1] という側面が、今日の介護人材確保政策において、どのように実現されているのかを捉えることができる。先行研究ではこの視点で歴史的経緯を一貫して捉えて論じるところには至っていない。変容を続ける介護保険制度や介護職員養成制度についてもあわせて現状を把握し、それらを踏まえて、人権・生存権保障としての実践がどうあるべきかを探求することに資することができれば重要な意義があると考える。

# 4節　本書の構成

本研究では、今日の深刻な介護人材不足の問題を、これまでの介護人材確

---

1)　加藤薗子（2004）は、「社会福祉の二面性」について、1960年代後半に登場した社会福祉の「新政策論」の特徴であると述べている。「社会福祉の二面性」とは、社会福祉の現実展開では、社会福祉の「政策主体の意図」と、もう一方で、「国民の側の人権・生存権保障を求める運動」が互いに対立しぶつかり合う結果として社会福祉が生み出されるという視点である。

保に関する政策における専門性の捉えられ方とそれに起因する介護労働者の位置づけが大きく影響しているのではないかという問いをもとに研究を進めた。まず、第1章で、介護人材確保政策の経緯を、ホームヘルパーが国の福祉政策としてスタートした1960年代から今日までの50年以上の歴史から確認した。また第2章において、介護福祉士が国家資格として創設された経緯についても、その時代にどのようなことが政策の関心事であり、当時の関係者はそれをどのように捉え、どう動いたのか、介護福祉士にどのような専門性を期待していたのかなどについて確認した。第1章・第2章ともに、歴史的な経緯とその当時の施策や関係者の動向を知ることで、政策的意図を具体化するための媒体としての介護労働者の立場と、同時に、それとは反対方向に、利用者・国民の生存権・人権保障の要求を、介護労働者が代弁者として政策に働きかけていく立場という二つの側面から把握する。第3章で介護職の専門性とは何かという、根本的な問いを、先行研究の到達点から得ることを試み、その観点から、近年の介護人材確保政策や介護保険制度においてどのように実現されているのかを、第4章で資格制度、第5章で権限、第6章で労働条件と労働内容に焦点をあてて確認した。

# 第1章

## 介護人材確保と専門性構築の矛盾

——ホームヘルパーに対する
人材確保政策の経緯から

# 1節　課題の設定

　ホームヘルパーが在宅福祉の三本柱の一つと言われるようになったのは1980年代である。1982年に老人保健法の制定、健康保険の改定が行われ、医療費の抑制とともに在宅看護、在宅介護が推進されるようになった。それに伴い、ホームヘルパーの不足が表面化し、1989年の「ゴールドプラン」での整備目標が示されると、1990年には、「保健医療・福祉マンパワー対策本部」の設置、その後も「新ゴールドプラン」「ゴールドプラン21」等のマンパワー確保政策が次々と実行された。2000年に介護保険制度が施行された後も、さらなる介護需要の高まりに対する政策が実施されている。

　また、量的確保だけでなく、介護従事者の質の確保についても、1987年に「社会福祉士及び介護福祉士法」が制定され、国家資格を保有する介護福祉士が誕生した。また、国家資格ではないが一定の質を確保するための研修課程や養成カリキュラムの見直しなどが行われてきた経緯がある。

　ホームヘルパーを取り巻く状況をみると、介護保険制度の施行以降、訪問介護事業所の増加とともに従事者数が増加し、2000年の18万人が、2017年には50.8万人となった（厚生労働省老健局 2019）。しかし、訪問介護員（ホームヘルパー）の有効求人倍率は、2013年度の3.29が、2016年度には9.30、2020年度には14.92と年々高くなり、深刻な人手不足の状況に陥っている（社会保障審議会介護保険部会 2022）。この14.92という有効求人倍率は、施設介護職員の3.90、全職業の1.10と比べても大きな開きがある（厚生労働省職業業務安定統計 2021）。令和2年度介護労働実態調査によると、80.1%の事業所がホームヘルパーの不足を感じている（介護労働安定センター 2021:47-48）。

　ホームヘルパーの平均年齢は、他の介護職と比較しても高く、60歳以上の構成割合が約4割となっており、近年は、従事者数、訪問介護事業所数ともに減少し続けている状況である。

　本章で取り上げる課題は以下の2点である。1点目として、2015年に示された「総合的な確保方策」の目指す姿（図 序-8）として、政府が、現状の介護人材構造について「専門性が不明確」であり、その原因として「一様に介護人材の量的・質的確保を目指してきた」としていることについての問いである。これまでのホームヘルパー養成研修の変遷や職業としての位置づけからみて、本当に「量的・質的確保を目指してきた」と言えるのかどうか、また、「専門性が不明確」になった原因はどこにあるのかということが明確にされていない。2点目として、「限られた人材を有効に活用するため、介護人材の機能分化を進める」という考え方についての問いである。機能分化を進めることで介護職員の専門性が高まり、従事者が増えることにつながると言えるのかどうか、また、機能分化の考え方はこれ以前にも示されており、新たな転換という根拠はどこにあるのかということが不明である。そこで、本章では、ホームヘルパーに対する介護人材確保政策の経緯をたどり、制度的にどのように位置づけられ、量的確保と質的確保の問題がどのような特徴をもって扱われてきたのかを明らかにし、人材確保政策がホームヘルパーの専門性構築に及ぼした影響について解明する。そのことにより、ホームヘルパー独自の専門性や価値を真に発揮し、高めていくためのあり方について考察する。

# 2節 分析方法

## 2-1 用語

　公的な在宅介護サービス事業の名称は、「老人家庭奉仕員派遣事業」「家庭奉仕員派遣事業」「ホームヘルプ事業」「訪問介護事業」と変化している。また、その従事者についても、その時々の制度において「老人家庭奉仕員」「家庭奉

仕員」「ホームヘルパー」「訪問介護員」と呼称が変更されている。

　1962年に在宅介護サービスが我が国で初めて創設された折には、欧米の「ホームヘルプ事業」とその従事者である「ホームヘルパー」がモデルとされた。制度創設に関わった森幹郎 (1972) によると、名称を決める際、当時の福祉行政にまだカタカナの名称がなじめないという意見が大半であったため、「老人家庭奉仕員派遣事業」という漢語表現となった経緯がある。1971年版の厚生白書で「ホームヘルパー制度」という言葉が初めて表れ、「ホームヘルパー制度」と「家庭奉仕員制度」とは同義に用いられている (厚生白書 1971)。正式名称ではないが、この時期には世間一般で使われる呼称として「ホームヘルパー」が浸透していたことがわかる。その後、介護保険制度での「訪問介護事業」となっても、厚生労働省の「介護保険制度の概要」には、「訪問介護 (ホームヘルプサービス)」、「訪問介護職員 (ホームヘルパー)」と同義に表記されており、現在でも一般的な呼称として「ホームヘルプサービス」及び「ホームヘルパー」が用いられている (厚生労働省老健局 2021:12-13)。これは、これらの呼称が広く国民に浸透し、また通称として使用されているためと推察できる。代表的な2つの職能団体にも「日本ホームヘルパー協会」「全国ホームヘルパー協議会」という名称が用いられている。

　本章では、歴史的な経緯を正確に表す場合においては、事業名・従事者の呼称ともにその時々の制度における正式名称で表記する。一方で、時代を超えた総称として表す場合には「ホームヘルプ事業」および「ホームヘルパー」という表現を用いる。

## 2-2 検討範囲

　本章の問題意識は、上記に述べた2点であり、現在示されている介護人材確保政策および人材構造と専門性の考え方についての疑問である。この疑問は施設介護・在宅介護の別を問わず共通しているが、ここでは、在宅介護を担うホームヘルパーに焦点をあてる。理由としては、利用者の居宅で行われる家事や入

浴・排泄といった日常生活を維持・継続するための支援が、ともすれば家族介護の延長もしくは代替えと見なされやすく、職業としての専門性が曖昧にされやすい分野だからである。介護保険制度における訪問介護サービス（ホームヘルプサービス）とは、入浴、排泄、食事等の介護や調理、洗濯、掃除等の家事を行うものと定義されている（社会保障審議会介護給付費分科会 2017）。しかし、実際には、これらの行為を通して定期的に訪問することそのものが、在宅生活の継続に大きく寄与している。本来、ホームヘルパーによる介護の目標は、生活行為を成立させることを手段として、生命と尊厳を守り、生きる意欲を引き出すことであり（一番ヶ瀬 2000）、そこにホームヘルパーの専門性がある。

### 2-3 文献収集の方法

(1)「介護人材確保」「ホームヘルパー」「家庭奉仕員」「訪問介護」等のキーワードをもとに、CiNii と国立国会図書館サーチによる文献検索を実施。「介護人材確保」に関しては、施策の動向がわかる議事録や資料、報告書、指針なども含めて収集し分析・考察した。

(2)(1)により収集した文献のレファレンスから、ホームヘルパーの人材確保政策と専門性構築の関係について記述された関連文献・書籍を収集。

## 3節 公的制度としてのはじまりと在宅福祉の萌芽

　ホームヘルプ事業が、公的な制度として定められたのは、1963年に公布された老人福祉法第12条「老人家庭奉仕員による世話」によるものである。背景として、高度経済成長の一方で、家族機能や相互扶助では対処しきれない

生活問題を抱える在宅高齢者の増加と、特別養護老人ホームなどの入所施設の不足があった（厚生白書 1963）。制度発足当初の派遣対象者の生活状況について佐草智久（2016）は、生活保護世帯の高齢者で、その日食べていくのがやっと、住環境や衛生面は劣悪、虚弱、孤独など、経済的困窮と相まって悲惨な状況にあったと述べている。一方、そのサービスの担い手については、1963年の厚生白書に、「奉仕員の業務内容が中年の婦人に適していることから、中年婦人に就職の機会を与えるという副次的な効果もあげている」と記されており、家庭奉仕員という職業が戦争未亡人や母子家庭の女性の就労対策という側面も持っていたことがわかる。家庭奉仕員の雇用形態について森（1972）は、事業の公的責任の原則が強く主張され、国の指導方針としては『身分は市町村の職員』とするようにというものであったと述べている。しかし、制度開始当初の家庭奉仕員の労働条件は、非正規職員・嘱託職員の身分がほとんどで、賃金は、サービスを利用する生活保護世帯の所得と同様の低賃金であったこと、利用者宅への訪問にあたっても、道路・交通事情とも十分整備されていない中、その援助を担う家庭奉仕員の心身の負担は、今日の訪問介護とは比較にならないほど大きいものだったことなどが報告されている（渋谷 2014）。家庭奉仕員の雇用形態を巡っては、その後、常勤雇用、正規職員化を訴えて労働運動が展開され、都市部には限られてはいたが、直営、常勤が実現した経緯があったことも報告されている（渋谷 2014）。

　1965年には「老人家庭奉仕事業運営要綱」が改定され、派遣対象が要保護老人世帯から低所得家庭に拡大した。また、このころから、「ねたきり老人」の増加が顕在化し、1972年の厚生白書によると、「老人家庭奉仕員の派遣は、在宅の老人に対する中核的な施策として重要な位置を占めるものであるので、今後ともその増員および処遇の改善を図り、いっそうの充実を図る必要がある」と示されている。当時の家庭奉仕員の業務内容について須賀（1996）の記述によると、「専門的知識・技術を習得する仕組みがない中で、さまざまな生活問題を抱える高齢者に対して、試行錯誤を繰り返しながら業務にあたっていた」こと、「訪問看護制度のない時代、難病患者のケアや、床ずれの手当な

ど、現在であれば看護師が行うような業務まで行っていた」こと、そして、「そのような中から、家庭奉仕員自ら、身体介護に対応できる知識・技術の研修要求が出されるようになっていった」ことが報告されている。このことから、当時、施設入所相当の身体状況にあったねたきり老人の介護を、特別な専門教育を受けていない家庭奉仕員が、実践を通してその労働に専門性を見出し、在宅介護という分野を切り開いていったことがうかがえる。

　このように、この時期のホームヘルプ事業は、利用者の衣食住の充足や安全面の確保といった、日本国憲法第25条に定められた、基本的人権の尊重の精神に基づいて出発した。そして、その職務にあたる家庭奉仕員は、援助を通して困窮している人を手助けしたいという根源的な意義、やりがいを見出していった。また、多くの家庭奉仕員自身が生計維持者として職務にあたっていたことから、身分保障・待遇改善に向けて主体的に行動した。さらに、その主体的、積極的な就労への意欲は、在宅福祉の担い手として、介護についての知識や技術を習得したいという内発的な行動に結びつき、自らの職業の価値を高めようとする努力につながっていった。福祉国家建設を目指す政策のもとで、家庭奉仕員派遣事業が展開され、それを担う婦人に社会福祉労働者としての自覚が生まれ、その実現に向けて歩もうと努めた時期であった。

# 4節　公的サービスの縮小と民間活用の促進

## 4-1　非専門性論と担い手の再編成

　1970年代後半から1980年代にかけては、社会福祉政策が大きく転換した時期である。高度経済成長の終焉と人口の高齢化が重なり、財源確保の問題が大きな課題とされた。老人福祉施策を進めるにあたっては、財源等を

効率的に配分するとともに、老人自身さらにはその家族、地域社会、職場等の積極的な協力が求められるようになる（厚生白書 1977）。1979年8月には、「新経済社会7カ年計画」が閣議決定され、「個人の自助努力と家庭や近隣・地域社会等の連帯」「自己責任の気風を最大限に尊重し、関係行政の縮減、効率化を図る」という、「日本型福祉社会」への転換が示された（閣議決定 1979）。1977年、全国社会福祉協議会（全社協）による「在宅福祉サービスに関する提言」が出され、家庭奉仕員の増員と処遇改善の推進、家庭奉仕員・介護人制度等の一元化、有料ホームヘルパー等の新設、在宅サービスの担い手としてボランティアの確保・養成、モデル地域の設定などが提案された（全国社会福祉協議会 1977）。

　ここで言う「介護人制度」（正式名称は「介護人派遣事業」）とは、1971年から実施されたひとり暮らし老人のための国庫補助事業で、事前に市町村に登録している介護人（老人クラブの会員や近隣の主婦など）が、一時的な疾病等により、日常生活を営むのに支障があるひとり暮らし老人に対して短期日無料で身のまわりの世話を行うものであった（厚生白書 1971）。つまり、専門的職業として、定期的に「ねたきり老人」の介護等を行っている者に対して「家庭奉仕員」という名称が使われ、一方で、素人の主婦らがボランティアとして、臨時的にひとり暮らし老人の世話を行うことに対して「介護人」という名称が使われるようになった。このような状況を森川（2015:78-79）は、「ねじれ構造」と呼び、「在宅介護が、非職業たる『奉仕』の概念を包摂し、また、非専門的労働たる『主婦の家事労働』との概念的な結びつきをもって制度化されていった」と述べている。上記の提言による「家庭奉仕員・介護人制度等の一元化」は、まさにそのことが具現化されていく経緯を見ることができるものである。

　1979年には、全社協在宅福祉サービスのあり方研究委員会（委員長：三浦文夫）により、「在宅福祉サービスの戦略」が報告され、在宅福祉サービス推進を行政および民間団体によって進めていく必要性と、社会福祉協議会がこの報告で積極的に活動する方針を示した（全国社会福祉協議会 1979:53）。その中

で、特筆すべきは、家庭奉仕員の業務について、「代替・補完的ニーズ[1]を満たすための非専門的サービスである」と示されたことである。同報告によると、家事援助や身辺介助的なケア等は、「元来から家族連帯にもとづいて家族成員相互の間での援助がおこなわれてきたものであるため、援助サービスは必ずしも専門的である必要はない」とされ、サービスを提供する者については「地域住民あるいはボランティアを含め、必ずしも専門的教育および技術を要するものではない」と記された（全国社会福祉協議会 1979:54）。これによって、在宅福祉の中心的役割を担うとされた家庭奉仕員は、「非専門的」と規定され、「家庭の主婦ならだれでもできる」という枠組みの中に組み込まれ、「直営・常勤」から「住民参加型ホームヘルプ」へと転換が進んでいった。

　1981年12月10日には、中央社会福祉審議会から、「当面の在宅老人福祉対策のあり方について（意見具申）」が出され、それまで市町村直営、常勤雇用を原則としてきた勤務形態が転換されパートタイム制やフレックスタイム制を積極的に導入することが示された（中央社会福祉審議会 1981）。その理由としては、「市町村の職員増加の抑制、財政支出の制約」と、「多くの被派遣老人がサービスを希望する時間帯が食事時等の一定時間帯に集中する傾向を示し、そのため、限られた常勤を勤務形態とする家庭奉仕員では、老人の福祉ニーズに効果的に対処しにくい」とされた。あわせて、「地域の住民やボランティア及び民間福祉団体等による自主的な支援活動が組み込まれた福祉供給システムの形成」が示され、住民参加型への転換が図られていくようになった。翌年の1982年には、この「意見具申」を実行する形で、「老人家庭奉仕員派遣事業運営要綱」が改定された。家庭奉仕員の雇用形態は「原則として常勤」という部分が削除され、「パート・非常勤」が勧められるようになった。1960年代から1970年代前半にかけて、在宅福祉を担う職業として歩み始めていた家

---

1) 「代替・補完的ニーズ」について、同報告では「在宅ケアは、もともと家族のニーズ充足機能が『健全に』機能している場合には、社会的ニーズとして顕在化されない」としたうえで、「家族のニーズ充足機能が何らかの事情によって十分に機能しない場合に、家族に代わったり、あるいはそれを補完するものとして社会的援助が求められたニーズ（代替・補完的ニーズ）を主として取り扱うものである」と示している。

庭奉仕員は、「関係行政の縮減、効率化」という政策転換のもと、専門性を問わない担い手として再編成されていった。そして、その担い手は、自らが「生計維持者」として処遇改善を求めて闘う集団から、自らパートタイマー制や登録制を希望する主婦層[2]の参入により大きく変容していった。

「パート・非常勤」の推進は、育児や家事の傍ら、家庭の仕事に支障を来さず、かつ、夫の扶養の範囲内の収入で働く主婦層の参入を後押しした。ホームヘルパーの常勤率は、1978年4月には90.9%であったが（渋谷 2013）、2005年には52.8%に減少した。一方で、パート・登録ホームヘルパーは45.3%と増加している（介護労働安定センター 2006）。税制優遇を受けるために夫の扶養の範囲内での収入を求める主婦層、近隣住民ボランティア等の必ずしも労働の対価を求めない担い手の参入により、ホームヘルパーの賃金が低価格に抑えられる形で人材確保が進んでいった。これにより、家庭奉仕員の仕事は「安価な労働」に変容し、在宅介護の価格が「家計補助的労働」の価格に準じて設定されやすいしくみが作られた。この根底には、以下の2つの問題がある。一つは、そもそも、性別役割分業として「介護」を含む「ケア」自体を「女性の仕事」と捉えるジェンダー認識の問題がある。もう一つは、介護が職業となり「介護の社会化」が必要であるという認識は広がったものの、その労働の担い手については「パート・非常勤」雇用の推進によって「家計補助的」な安上がりなものとして留め置かれたという問題点がある。これらのことは、介護職の社会的地位の向上や処遇改善を目指す上で克服しなければならない大きな課題であると考える。

## 4-2 提供主体の多元化と在宅介護サービスの変質

1980年代後半からは、それまでの、「日本型福祉社会」の方向性を一部軌道修正しつつも、さらに公的責任の縮小が進んでいく。1985年2月、臨時行

---

2)　森川（2015: 118）は、これを「家計補助的労働」と称している。

政改革推進審議会民間活力推進方策研究会が、「民間活力の発揮推進のための行政改革の在り方」を報告。市場原理を生かした民間企業等の参入促進と、公的事業の民間委託を推進するという方向性が打ち出された（臨時行政改革推進審議会 1985）。同年11月には、厚生省社会局にシルバーサービス振興指導室が設置され、介護部門に民間企業を参入させる取り組みが始まった。さらに、1987年には民間有力企業等からなる社団法人シルバーサービス振興会が設立され、国が介護サービスの提供主体として民間企業を育成していくこととなった。こうして、高齢者介護が、営利企業の新たな市場として認識され、介護サービスの分野への積極的な参入が始まった。

　営利企業の参入により、サービスの提供時間と内容によって値段がつけられ、介護サービスが「モノ・商品」のように扱われるようになっていった[3]。1989年には、「老人家庭奉仕員派遣事業要綱」が改定され、サービスの委託先が、特別養護老人ホーム等を経営する社会福祉法人及び「在宅介護サービスガイドライン」の内容を満たす民間事業所等に拡大された。1991年には、在宅介護支援センターを併設する特別養護老人ホーム、老人保健施設、病院に、1992年には、福祉公社、在宅介護支援センター運営を委託している社会福祉法人・医療法人等、農業協同組合連合会、生活協同組合連合会、介護福祉士にも委託が認められるようになり、サービス提供主体の多元化が進んでいった（国立社会保障・人口問題研究所 2005）。

　前述の「老人家庭奉仕員派遣事業要綱」改定により、業務内容も「家事・介護に関すること」から、「身体介護に関すること」と「家事に関すること」に区分された。補助基準は、身体介護型が、家事型の約1.5倍となり、公的ホームヘルプ事業においても、サービスの切り分けと、身体介護を重視したしくみが作られていった。

　また、この時代、都市部を中心に拡大していた住民参加型組織が運営する

---

3)　1985年に社会保障制度審議会による「老人福祉の在り方について（建議）」では、「民間企業が提供するサービスを購入する」という言葉が使われている（全国社会福祉協議会 1985）。

「有料・有償介護サービス」のあり方も、その後の在宅介護従事者の専門性や社会的評価に影響を及ぼしたものとして注目したい。1987年、全国社会福祉協議会による「住民参加型在宅福祉サービスの展望と課題」には、有料・有償性ホームヘルプサービスは、「担い手側のボランタリーな自己犠牲による低コスト（有料）で成り立つシステム」と位置づけられている。また、サービスの担い手については、婦人層が「家事の延長」として、専門的な教育を受けずに「気軽に」従事している場合が多いため、そのような担い手に「専門性の高い介護サービスを期待すると、参加意欲を削ぎリタイヤが予測される」と記述されている（全国社会福祉協議会 1987）。そのため、「専門的なサービスを担う部門」と「非専門的な家事援助サービスを担う部門」との機能分化の可能性についても触れている。さらに、担い手の参加意識について、単に「収入を得たいから」という人は1割程度であり、それ以外の人は、「社会に役立つため」「生活のリズム、健康のため」「生きがいを得るため」という非金銭的理由が圧倒的であることが強調されている。

　1987年は、介護福祉士が国家資格として制定された年であるが、一方でこのような議論がなされていることから見ても、在宅介護の担い手は、この当時から、専門職としての集団を目指すのではなく、量的確保においては多元的に、質の確保においては階層的な人材構造が想定されていたことがうかがえる。これは、今日の「富士山型」の介護人材確保政策の「本人の能力や役割分担に応じたキャリアパスを構築する」「限られた人材を有効活用するため、機能分化を進める」ということに通じるものであり、現在の政策の根本的な考え方はこの当時に作り上げられたと言うことができる。家庭奉仕員のパート・非常勤化の推進に加えて、「低コストで成り立つ」「専門的な教育を受けずに気軽に従事」と明確に示された有料・有償性ホームヘルプサービスの推進など、多元的な供給主体を参入させ、就業するための敷居を低くして人員を確保、到達目標も人によってバラバラでよいとしたことにより、在宅介護従事者は、「誰でも」「気軽に」就ける、「安価な」労働者として位置づけられ、そのような認識が社会の人々にも植えつけられていった。

# 5節　量的確保の拡大と資質向上の必要性

## 5-1 養成教育による質の確保

　国は、公的責任を縮小しつつ、ホームヘルパーの量的確保を拡大するにあたり、多元的な供給主体を参入させる一方で、担い手の「一定の質を確保」するために、研修や資格制度が必要であった。量的確保の目標が示されるたびに、研修制度が作り替えられていった。ホームヘルパーの公的な研修制度としては、1982年から実施されていた「家庭奉仕員採用時研修」（講義、実技、実習で計70時間）が、1987年には、「初任者研修」（360時間）となる。また、同年は、「社会福祉士及び介護福祉士法」が制定され、国家資格としての介護福祉士が誕生した。

　1989年にはゴールドプランの策定により、ホームヘルパーを10年間で10万人整備する目標が示される。これを受け、1991年には「ホームヘルパー養成研修事業実施要綱」により、1級から3級課程の段階式研修へと変更された（1級360時間、2級90時間、3級40時間）。この段階的な研修は、パートタイムヘルパーや登録ヘルパーなどの短時間勤務の従事者に対して、短時間研修を設けることで敷居を低くし、参入を促進させようとするものであった。また、これらの研修は、大量の「直行・直帰」のパートタイムヘルパーを管理するしくみでもあった。2級課程は、シルバーサービス事業者が、シルバーマークを取得する場合に要件とされる研修に相当しており、修了すれば、主に身体介護に必要な知識、技術等が修得できるものとされた（厚生省 1995）。このような階層的な職員養成の考え方は、今日の「富士山型」の介護人材確保政策の出発点と言えよう。

　1992年には、チーム運営方式が実施され、主任ヘルパーが位置づけられた。主任ヘルパーの要件は、介護福祉士の資格を有する者またはヘルパー養成研修1級課程を修了した者等とされた。その役割は、①利用者のニーズの評価と、これに対応したホームヘルプサービスの組み立てを行うこと（サービス継

続の適否の判断も含む）、②ソーシャルワーカー及び看護婦等との連絡調整及び他のサービスとの連携、③チームのホームヘルパーの指導、④その他、ホームヘルプ事業の適切かつ円滑な実施に必要な業務（厚生省 1995）とされていた。この流れは、利用者の生活の分析、サービスの組み立て、検証の結果といったケアマネジメントの考え方につながるものである。チーム運営方式の考え方は、その後の介護保険制度における「サービス提供責任者」や「ケアマネジャー」を核とする管理構造につながっていった。主任ヘルパーの位置づけについても、一部のヘルパーに専門性を認め、その他のヘルパーには高い専門性は求めないという性格付けをしている。ここにも「富士山型」につながる人材構造が作られ始めていたことが見られる。

　1994年には、新ゴールドプランが掲げられ、ホームヘルパーの人員確保の目標設定が10万人から17万人に引き上げられた。これに伴い、翌年の1995年には、「ホームヘルパー養成研修カリキュラム」も改定された（1級230時間、2級130時間、3級50時間）。1級課程は、2級課程修了者を対象とすることにより内容を整理し、2級課程と合算して360時間とすることで受講しやすくするとともに、継続養成研修が設けられた（長寿社会開発センター 1995）。改定の背景として、同年、24時間対応ヘルパー（巡回型）事業が開始されたことにより、さらなる量的拡大が必要になったこと、その事業の委託先に多くの営利団体が含まれていたことがあげられる。この改定において注目すべきこととして、各級と介護福祉士との関係についての記述があげられる。「3級課程及び2級課程は、知識・技術ともに介護福祉士能力の範疇に入る」とし、「ただし、ホームヘルプサービス固有の業務であるチーム運営方式主任ヘルパー業務に関しては、介護福祉士の能力範疇外である」とした（長寿社会開発センター 1995）。主任ヘルパーの研修内容には、チームの指導者としての内容だけでなく、カンファレンスの持ち方、ケアマネジメント技術、小グループ討議などが含まれており、主任ヘルパーが介護福祉士や他職種をもマネジメントする、ソーシャルワークの機能を担っていたことがわかる。

## 5-2 担い手による主体的な資質向上への取り組み

　1987 年 2 月、日本学術会議社会福祉・社会保障研究連絡委員会（13 期・一番ヶ瀬康子委員長）による「社会福祉におけるケアワーカー（介護職員）の専門性と資格制度について（意見）」が出された。これは、1985 年から 1986 年の 2 年間にわたり、老人ホームの寮母やホームヘルパーへの聞き取りを参考に検討を重ねたもので、この中では、ケアワーカー（原文の表現）の仕事は単なる家事援助の延長ではないことや、個別性を踏まえた創意工夫が必要であること、またリハビリの視点が必要なことなどが述べられた（日本学術会議 1987）。1980 年代後半には、ホームヘルプ事業は多元的な事業者の参入により、「誰でも」「気軽に」「短時間でも」働ける市場として広がっていたが、その一方で、在宅福祉の担い手として、職務能力や資質を高めようと熱意と高い意欲を持って取り組むヘルパーの存在があった。公的ヘルパーを中心に自主的な研究会を結成し、事例研究や取り組みの発表をするなどして資質の向上に努めたり、身分や待遇の改善を求めて地域住民に自分たちの活動の価値を知ってもらうよう活動したりするヘルパーもいた。

　たとえば、1994 年から 1997 年の間に、東京都内のホームヘルパー、ケースワーカーと研究者によって行われた「ホームヘルプサービス研究会」では、ホームヘルプサービスの公的責任を、実際の援助事例をもとにしながら、ホームヘルプを必要とする国民生活の現状とホームヘルプの有用性から検討が行われた（河合 1998）。老朽化し苔の生えた家でゴミの山の中に暮らす夫婦、お風呂にほとんど入らない人、地域から孤立している人、食事の内容が貧しく偏っている人、「困っていない」とホームヘルプを受け入れない人、ひどい生活後退と孤立の中に暮らす精神障害者、病気・障害からくる被害者意識の強い人、アルコール依存で認知症の人等に対して、ホームヘルパーが中心となって、医師、保健師、栄養士、理学療法士、福祉事務所などと連携をとりながら、利用者および家族の生活問題の改善を図った事例が報告されている。これらの事例検討は、ホームヘルパー自身が学びを深め、その専門性を高めていく

という意義深いものであると同時に、ホームヘルプが公共性の高い社会福祉サービスであることを示した。

# 6節　福祉の市場化とホームヘルプ労働の変容

1997年11月には、社会福祉事業等の在り方に関する検討会から「社会福祉の基礎構造改革について（主要な論点）」が示され、1980年代から1990年代にかけての一連の「福祉見直し」によって準備されてきたことが具現化され始める。具体的なサービス提供については、「利用者の選択」を尊重し、その要望とサービス供給者の都合とを調整する手段として、市場原理を幅広く活用していく必要があるとされた。また、福祉分野の人材確保についても市場原理の活用を考えるべきであり、それによって、福祉分野の仕事に対する社会的評価の向上、業務の省力化及びサービスの高度化がもたらされることになるという考えが示された（社会福祉事業等の在り方に関する検討会 1997）。同年12月には、介護保険法が公布され、2000年4月の実施に向けての動きが加速していった。

1997年には、ホームヘルプ事業の人件費補助方式に加えて事業費補助方式が導入され、翌年からは全面的に実施となった。サービス提供体制の整備に対して費用が払われるのではなく、どのようなサービスを、どれだけ提供したかによって給付額が決まるしくみで、介護保険サービスを見据えた変更であった。出来高払いになったことで、サービス提供時間以外にも勤務している常勤ヘルパーは、市町村の赤字を生む存在となり、登録ヘルパーがさらに拡大していく。「夫の扶養の範囲内」で働く主婦層（短時間勤務、直行・直帰）が大量にパートタイムヘルパーとして従事するようになり、提供されるサービスは効率を重視したコマ切れ、駆け足となっていく。これによって、業務の分析や積み上げ、知識・技術の継承といった、ホームヘルパーが自ら専門性を

高めていくような取り組みは著しく困難な状況に置かれた。1999年にはゴールドプラン21が示され、ホームヘルパーの整備目標は35万人となり、さらなる量的拡大の推進のため、効率を優先する傾向が強まっていった。

　2000年4月には、介護保険制度が施行され、ホームヘルプ事業は介護保険制度の訪問介護事業、ホームヘルパーは訪問介護員として位置づけられた。規制緩和が進む中で、ホームヘルパーは、マニュアルに沿って、「商品」を「効率よく」「販売する」労働者として市場競争の中に組み込まれていった。サービスの効率性、コスト性が強調され、サービスの平準化と内容ごとの細分化により、その日の利用者および家族の状況に応じてサービス内容を変更することはできなくなった。言い方を変えると、決められたサービス以外のことを、ヘルパー自身が判断したり、臨機応変に対応したりすることは求められなくなったのである。また、人員配置に常勤換算方式が導入され、訪問介護事業所の人員基準は、常勤換算で2.5人、そのうち1名を常勤のサービス提供責任者として配置すれば開設できるしくみとなった。これにより、登録ヘルパーが増大し、事業所内の職員の交流によって知識・技術を継承したり、支え合い高め合ったりすることが困難な状況になった。それまで主任ヘルパーが担っていたソーシャルワーク機能が、介護支援専門員の役割に転換され、ホームヘルパーは介護支援専門員の立てたプランに則って、決められた枠内で、決められた直接的な援助のみ提供することとなった。原田由美子（2008）は、このような状況を「労働の細分化と援助過程における裁量権、自己決定の剥奪」と捉え、「労働意欲の喪失、労働の生産性と質の低下をもたらしている」と述べている。このように、介護分野への市場原理の導入によって、ホームヘルパーの労働内容は変容していった。

# 7節　キャリアパスの導入と介護人材の混交

## 7-1　すそ野の拡大に合わせた研修課程の変化

　2000年には介護保険制度が施行、高齢者福祉部門は大規模市場として産業経済的なインパクトであるとされ、多くの民間営利企業が参入した。その一方で、2007年のコムスン事件[4]に見られるような悪質な事業者が現れる。2004年の調査[5]によると、株式会社は、より効率的にサービスを提供できる地域には進出するが、そうでない地域には進出しないこと、また、介護サービスに参入した株式会社は、4年間で25.0%が撤退しており、そのうち約半数は事業開始後1年以内に撤退している（日本医師会総合政策研究機構 2004）。この結果にみるように、経営の効率性を重視する営利企業は、利用者に継続してサービスを提供しようという意識が希薄であり、居住する地域によって公平なサービスが受けられないなどの問題が生み出された。介護保険制度の目標の一つであった「市場メカニズムを通じたサービスの質の向上やコストの合理化をめぐる健全な競争」は現実にはならず、介護事業者だけでなく介護従事者の質が問われることとなる（老人保健福祉審議会 1996）。

　2006年以降は、在宅・施設サービス共通の介護職員の新たな研修制度として「介護職員基礎研修（500時間）」が設けられた。介護保険制度が安定的に運営されるためには、人員確保とサービスの質の確保が重要な課題であり、介

---

4）　株式会社コムスンによる不正な指定申請、不正請求事件。各都道府県で実施されている指定訪問介護事業所における監査において、平成19年6月5日までに、株式会社コムスンの全国8事業所で「不正の手段により指定を受けた」ことが確認された。コムスン側は、監査中または指定取消処分手続き中に当該事業所の廃止届が提出されたが、最終的には、株式会社コムスンのすべての事業所において介護サービス事業者に関する指定取消処分が下された（厚生労働省老健局振興課介護保険指導室 2007）。
5）　日本医師会総合政策研究機構が、福岡県で実施した居宅系介護サービス事業所における、参入と撤退についての調査（日本医師会総合政策研究機構 2004）。

護福祉士資格よりは下位、ヘルパー１級よりは上位という中間的な資格を創設することで多くの人材を確保する狙いがあった。この研修以降、介護職の研修が雇用保険の教育訓練給付制度の対象となり、介護職場が失業者の受け皿として認知されることにつながっていく。しかし、働きながら500時間研修を受ける者は少なく、2011年に「今後の介護人材養成の在り方について（報告書）」により、介護人材のキャリアパスについて、「簡素でわかりやすいものとするとともに、介護の世界で生涯働き続けることができるという展望を持てるようにするため」段階的な資格・研修体制の構築が示された（厚生労働省社会・援護局今後の介護人材養成の在り方に関する検討会 2011）。これを受けて、2013年には、介護職員基礎研修とヘルパー１級を１本化した「実務者研修（450時間)」が設けられた。介護福祉士国家試験の受験に実務者研修の修了は必須とされ、訪問介護事業所におけるサービス提供責任者の要件ともなった。また、ヘルパー２級を移行させる形で「介護職員初任者研修（130時間)」が設けられた。研修実施に対する補助金は廃止され、規制緩和によって研修を実施する事業者にも民間営利企業が参入した。実習は必修ではなく、「必要に応じて」とされ、130時間のうち40.5時間までは通信学習が認められるなど、研修実施事業者によって学習内容の質の差が大きく、どこで研修を受けたかによって、スタート時点から質の確保に差がついてしまう状況がつくられた。

　「平成30年度介護報酬改定に関する審議報告」において、訪問介護員の養成については、「更なる人材確保の必要性を踏まえ、介護福祉士等は身体介護を中心に担うこととし、生活援助中心型については、人材の裾野を広げて担い手を確保しつつ、質を確保するため、現在の訪問介護員の要件である130時間以上の研修は求めないが、生活援助中心型のサービスに必要な知識等に対応した研修を修了した者が担うこととする」（社会保障審議会介護給付費分科会 2017）ことが示された。これにより、2018年には、「生活援助従事者研修（59時間)」が創設され、わずか59時間の研修を受ければ、訪問介護事業所の訪問介護員として人員基準（常勤加算2.5人以上）の対象として認められることになった。また、さらなる介護人材のすそ野を拡大するために、介護未経験者の参

入を促進する「入門的研修（21時間）」が設けられた。この入門的研修修了者は、通所・居住・施設系サービスでの勤務が可能な一方、訪問介護員として従事することはできない。しかし、上位研修である生活援助従事者研修等を受ける際に読み替えが可能となっている[6]。このように、現状の介護職員の研修制度は、質の確保よりも量的確保を優先する考え方が一段と強化されており、ヘルパー1～3級課程の時代よりも時間数が短く、「誰でも」「気軽に」介護職に従事できるように設定されているのである。特に訪問介護においては、生活援助を軽視し専門性の高い訪問介護員をあてる必要がないという考え方が見られる。また、上位研修を受けてキャリアアップしていくかどうかは、本人の意思に委ねられており、介護職全体の資質の向上は望めないしくみとなっている。国家資格である介護福祉士についても、養成校卒業者の国家試験受験義務づけのさらなる延長や、国家試験不合格者及び受験しなかった者に付与される准介護福祉士資格の創設（国家試験義務づけ延期に伴い2022年に先送り）など、介護従事者の専門性向上や社会的認知の向上とはかけ離れた施策が展開されている。詳細については第4章で述べる。

## 7-2　質の評価要件と現状の矛盾

2006年には、さらなる介護保険財源の効率化が進められ、中重度者への重点化・新介護予防給付の導入等が実施された。訪問介護においても介護報酬が見直され、中重度者への重点化や、サービスの効率性をより高めることが重視されるようになった。難易度が高い利用者（喀痰吸引などの医療依存度の高い利用者や、重度の認知症利用者など）を在宅でケアすることを促すため「特定事業所

---

6）「入門的研修」修了者については、ステップアップしやすいように「介護員養成研修の取扱細則について（介護職員初任者研修・生活援助従事者研修関係）」に基づき、各都道府県の判断により介護職員初任者研修及び生活援助従事者研修課程の一部を免除することができるものとされている（厚生労働省老健局振興課長 2017）。

加算[7]」が設けられた。介護報酬は2005年10月の改定とあわせてマイナス2.4%引き下げられ、2003年のマイナス2.3%に引き続いて2回連続のマイナス改定となった（社会保障審議会介護給付費分科会 2018）。介護人材不足問題はさらに悪化、介護福祉士養成施設の定員割れの問題も深刻になっていく。介護福祉士養成施設の定員充足率は、2006年の71.8%が、2018年には44.2%に減少、入学者数は12年間でおよそ3分の1に減少している（日本介護福祉士養成施設協会 2020）。

　2007年には、「福祉人材確保指針」が見直され、キャリアパスの構築、高齢者・障害者など多様な人材の参入促進、経済協定による外国人の適切な受け入れ等が示される。また、他産業との賃金の格差を改善する施策として、介護職員処遇改善交付金（2009年から2011年まで実施）および、介護職員処遇改善加算（2012年から実施）が設けられた。しかし、加算を取得するためには、一定の要件（職場環境要件等とキャリアパス要件）を満たす必要があり、加算の取得は事業所の努力任せ、また、取得した加算収入の職員への配分も事業所に任せるという内容であり、同様の業務量であっても、従事する事業所によって賃金に差がつくという状況が作られた。

　また、2012年に創設された定期巡回型・随時対応サービスの普及のため、20分未満の身体介護の算定基準を緩和、サービス提供責任者の配置基準の見直し等が行われた。これは、在宅重視、身体介護重視の考え方がさらに強化されたもので、専門性の高い訪問介護員が、重度要介護者を数多く担当することを求めるものである。一方、その担い手である訪問介護員への施策は、専門性を必ずしも求めない階層的な人材構造と養成研修、主婦層や中高年者のパートや登録ヘルパーの量産であり、難易度の高い利用者への対応や、24時間随時の対応等は従事者側にしても想定していない場合が多いだろう。この加算は、算定要件が厳しいだけでなく、加算額が区分支給限度額の枠内に含まれるため、利用者が上限までサービスを利用した場合には算定できない

---

7)　特定事業所加算は、体制、人材、重度者対応という3つの側面から、要件をいくつ満たすかによって加算の算定基準が変わるしくみで、たとえば、定期的な会議の開催や研修の実施、介護福祉士の配置割合、重度利用者の割合等のハードルが設けられている。

しくみになっている。訪問介護従事者及び事業者の賃金アップではなく、あくまでも重度者の在宅ケアを推進するしくみである。

# 8節　本章のまとめ

　このように、ホームヘルパーに対する人材確保政策の経緯を見る中で、以下のことが明らかとなった。

　1点目は、ホームヘルパーへの政策は、常に人員確保政策の中に人材育成が位置づけられ、量的確保が最優先されてきたことである。そのため、人材育成政策は、ホームヘルパー全体の専門性向上を図るしくみではなく、短時間研修による階層化が進められた。人員確保政策が示されるたびに養成研修制度が変わり、到達すべき目標が段階的なものに分割されていった。介護保険制度が施行されて以降、人員不足・財源不足が深刻化すると、養成研修のハードルはさらに下げられ、より短時間で多くの人員を介護分野に参入させようとする政策が展開されてきた。政府は、これまでの介護人材構造を「まんじゅう型」と表現し、「意欲・能力の違いを問わず、一様に介護人材の量的・質的確保を目指してきた」としている[8]が、これまでの政策の経緯から、そのようなことは目指されていなかったことが明らかになった。特に「ゴールドプラン」が策定されて以降の1990年代初頭から、量的確保に重点を置き、質的確保については段階的な人材構造とするような、今日の「富士山型」の構造につながる準備が進められていた。

　「すそ野」に位置づけられた人材は、まさに「誰でも」介護職に参入させよ

---

8)　平成27年2月27日の社会保障審議会福祉部会福祉人材確保専門委員会（第5回）において、「2025年に向けた介護人材確保〜量と質の好循環の確立に向けて〜」によって、新たな介護人材確保政策の方向性として「富士山型」のイメージが示された。

うという内容で、質の確保よりも量的確保が最優先となっている。介護福祉士を「富士山」の頂上に描き、資格取得のルートを一元化してキャリアアップの道筋をわかりやすくしたと示しているが、それは単に国家資格取得ルートを整理したということであって、そのルートを活用するかどうかは、個人の「意欲・能力」に任されている。それ以外の人は、無資格・未経験でも、またはごく短時間の養成課程を修了すれば介護職として従事する。また、「富士山型」への転換が「限られた人材を有効に活用するため、機能分化を進める」としているが、描かれたイメージ図は、表面的な形には違いがあるが、これまでの階層的な人材確保策と根本的な違いはなく、むしろ、これまでの考え方がさらに鮮明に描き出されたものと言える。訪問介護の職務にあたるうえで求められる基本的な知識・技術・倫理といった具体的な水準が一定ではないということは、提供されるサービスの質に差が生じるということであり、公的サービスでありながら国民に対しての直接的な質の保証ができていない状況である。

　2点目は、営利企業を中心とした多様な事業体が拡大されたことによって、労働目的が異なる人材が混在する職場となり、ホームヘルパーは低コストの労働者として位置づけられ、職業集団として専門性を構築することが困難なしくみが作り上げられてきたことである。住民参加、ボランティアなどの労働者としての位置づけではない人材を含む多元的な事業者を参入させたことにより、地域の支え合いの精神と、公的責任が混同され、低コストの働き手として位置づけられた。さらに、家計補助者としての主婦層、パートタイマーや登録型といった労働目的や意欲の異なる多様な人材の参入が促され、身分保障や処遇改善を求めて運動するような従事者が減少し、職業集団としての力が弱められた。現在の「富士山型」の人材確保政策では、そういった側面がさらに強調され、就業していない女性、他業種、若者、障害者、中高年齢者などのさまざまな人材の参入を促している。日本全体で労働者人口が減少する中、多様な人材に間口を広げることは介護業界ばかりではない。それ自体が問題なのではなく、介護福祉の労働目的が曖昧にされることや、「誰でも」できる「安価な」仕事として規定されることが問題である。量的確保と階層

化によって、専門性の確保がなされないばかりか、非専門職として位置づけられたことが明らかになった。

　また、介護保険制度以降、介護報酬が身体介護、生活援助といった内容による区別や、20分未満、20分〜30分未満といった細切れの設定がなされたことにより、買い物、掃除といったサービス内容そのものが目的のように見なされ、利用者の生活や人格に働きかけるという労働が軽視されていることに問題がある。介護職の専門性や労働の特性については第3章で検討する。

　3点目として、市場原理の導入により、効率性・コスト性が優先される中、訪問介護の真の目的が歪められ、そのことが担い手の働きがいを見失わせるとともに、社会においてホームヘルパーの価値を低く認識させることにつながっているということである。訪問介護の目的や価値を考える際には、介護の対象について理解する必要がある。また、介護福祉労働の目的を達成するための介護過程の展開は、単純に身体的介護、家事援助と切り分けられるものではない。対象はモノではなく、生涯発達し続ける人間・人格であり、生活後退によって表れる発達要求を保障することがその人の主体的・自律的な生活行動に結びつく。ホームヘルパーは、介護を必要とする人との相互の働きかけの中で、真の生活課題を見いだし、それに応えて生活改善ができたときに、専門性の実現による自己の発達を成し遂げる（小川 2002:160）。また、そのことによって、働きがいや意欲が高まり専門性を構築していくことにつながっていく。このような介護福祉労働の根幹をなす働きかけ合いが、現在の介護保険制度における訪問介護では報酬として認められていない。裁量制はなく、内容ごとに細分化されたサービスを、効率よく提供しなければ事業の運営が成り立たない。施設介護ではユニットケアや認知症グループホームに見られるように、利用者の個別性や生活の継続性が重視される一方で、利用者の「住み慣れた我が家」で提供する訪問介護サービスでは、「その人らしい生活」を取り戻すために必要な時間も費用も十分与えられていない。このような状況は、ホームヘルパー自身の意欲低下、質の低下を招くとともに、サービスを利用する社会の人々にその価値を理解してもらうことを困難にさせる。

# 第2章

## 介護福祉士資格制度創設の経緯と専門性論の行方

—— 関係諸団体による働きかけの検討を中心に

# 1節　研究の背景および目的

　1987年に成立した「社会福祉士及び介護福祉士法」によって「介護福祉士」国家資格制度（以下、「資格制度」）が創設された。この法律および資格制度は、同年1月7日の斎藤十郎厚生大臣の談話が出され、翌8日には新聞で一斉報道、その後、短期間で法案策定が進められ、4月24日に閣議決定、国会閉会直前の5月21日に衆議院本会議で可決、26日には法案第三十号として公布されるという異例のスピードで創設された（瀬田 1987）。この過程では、政府・社会福祉関係諸団体および隣接領域団体のさまざまな思惑が交錯し、一定の妥協の上制度化が図られた。しかし、国家資格創設から30年以上経過した今日、高齢化の急速な進展とともに国民の介護ニーズが高まる一方で、介護福祉現場では制度創設前にも増して深刻な介護人材不足（就業希望者の少なさと定着性の低さ）と、従事者の専門職としての質が問われている。

　本章では、介護福祉士資格創設時の経緯と、関係者による専門性に関わる議論をたどる。制度創設時の背景や状況と、その中で誰が何を目指していたのか、その過程で介護職の専門性についてどのような議論がされたのかを、政府・社会福祉関係者・隣接領域団体等の発言や動向を整理、考察する。そのことによって、今日の介護職を取り巻く状況との関連性や、介護職員の養成教育と資格・権限のあり方について考えるための一助とする。

# 2節　分析方法

　本章では、介護福祉士資格制度創設に関わった政府・社会福祉関係者・隣

接領域団体等の発言や動向等が記された文献、およびその動向を振りかえって資格制度のあり方について記述された文献を収集し分析・考察した。

## 2-1 文献収集の対象範囲

介護福祉士資格創設時の社会的背景や関係者の発言や動向を把握するため、『介護福祉士国家資格』、また、関連すると考えられる『介護の専門性』『介護福祉士養成教育』、さらに、当時の施設介護を担っていた『寮母』などをキーワードとして先行文献を収集した。

## 2-2 先行文献の収集方法

上記のキーワードをもとにCiNiiと国立国会図書館サーチによる文献検索を実施。さらに、収集した文献のレファレンスから、重要な内容を含むと判断した関連文献・書籍を収集した。

# 3節 介護現場の関係者の動向

## 3-1 寮母の資質についての問題意識

ここでは施設介護の寮母に焦点をあてて、その資質についての当時の関係者の問題意識について取り上げる。寮母は就業するにあたって、学歴や習得すべき教育課程が定められておらず、「誰でも就ける」仕事であった。その職務にあたっては、個人の経験や人柄、意欲などに頼るものであった。そのため、介護職員の資質向上に向けて、1979年から、全国老人福祉施設協議会が特別

養護老人ホームの寮母を対象に「福祉寮母講習会」を開催し、指導的役割を担う寮母（主任的寮母）の養成を実施していた。当時の研修委員であり和楽ホーム施設長でもあった斎藤邦雄は、寮母の資格制度の必要性について以下のように述べている。

　全福祉の分野が、人命尊重と人間尊重の基本理念から幸福を追求するものであるが、とりわけ老人ホームでは生と死の境界線上での処遇対応が要求され、その重大な処遇をこなしているのが寮母集団であり、その職務の重要性からも寮母資格が要求されて当然であり、現状を直視したとき肌に粟立つ恐怖感さえ抱くのである。（中略）寮母職の量的拡大と併せその資質と能力、技術が要求されてきた。つまり、その優劣によって、施設利用老人の幸せは勿論、時によってはその利用老人の生殺与奪をもしかねないものであり、当然のことながら、寮母の優劣は施設の良否にもつながる。（中略）老人ホームの介護線上に絶えず利用老人の生死がその線上にあり、老人福祉推進に当っては寮母資格の相関あるを痛感するところである（斎藤 1986）。

　このことから、当時の施設入居者への処遇に介護職員の資質、知識、能力、技術が大きく影響することが問題視されていたことがわかる。特に、「現状を直視したとき肌に粟立つ恐怖感さえ抱く」という強い表現から、当時の寮母の実態がうかがえるとともに、人命、人権に関わる重大な仕事である寮母には、それ相応の教育と資格制度が必要であると考えられていたことがわかる。また、その際の基本的な考え方としては、「資格」＝「専門性」であり、資格制度を作ることで介護職員の専門性、資質が当然伴ってくるものであると期待していたことがうかがえる。

　同時に、社会の急速な高齢化に伴って増加する、認知症高齢者のケアを担えるような職員の養成が求められるようになった。老施協調査研究委員で、特別養護老人ホーム松寿園施設長であった松倉正司は以下のように述べている。

　なぜ資格かというと、痴呆老人の急増です。入所判定委員会を通して入所する老人は83歳以上の方で、ボケを持つ方が60パーセントくらいであるという現実です。この現実を前にしては単なるソフトな人間性だけで対応できるのかということに直面していることは確かなことです。そこで専門的な学習がなくては自分たちが前進できないと誰もが実感していることを強く感じました（松倉 1986）。

　この発言から、当時の関係者は、急増する認知症高齢者に対応できるよう、寮母に専門的な学習が必要であると考えていたことがわかる。

## 3-2 専門職としての社会的地位の向上を望む声

　斎藤（1986）は、老人ホーム職員の定着性と職務意識について、①仕事への定着意識は一般寮母、福祉寮母も若年層に定着志向は乏しく、流動志向が多いこと、②学歴別にみた場合、高学歴ほど定着志向に乏しいこと、③包括的人間観では流動志向のなかに上昇志向が高いこと、④若年層の入職率が高い反面、就労期間は長くないことをあげ、若年層、高学歴層の意識との相関には、その陰に資格問題があると指摘している。また、全体的に寮母職務に対する満足度は高いが、「給料」「勤務態度」「勤務体制」等労働条件では満足度は低くなっていること、高学歴者ほど社会的評価については否定的であることを指摘するとともに、以下のような厳しい意見を述べている。

　全種別の老人ホームの担い手である寮母職に「自信」と「誇り」をもって、増々多様化する施設ケアと在宅ケアを対処できるような、社会的位置づけをしなければ我が国の老人ホームは前近代的収容施設の域を脱却せず、若年福祉労働者層から見離され、ご批判を受けると思われる（斎藤 1986）。

　これらのことから、介護職員が職業的プライドを持って働き続けるために

は、公的資格を与えて社会的に評価される必要があること、また、それに見合った労働条件を整えなければ、将来的に若者の職業選択肢から外されてしまうという危機感を持っていたことがわかる。特別養護老人ホームデイケアセンター菖蒲荘園長であった村田正子も以下のように述べている。

　いままで大学や短大、専門学校を出た若い人たちが現場に入ってきても資格がなかった。特に老人ホームの寮母は、胸を張って堂々と老人ホームに勤めているということが言えなかった。これは現場の本当の声。今後、こうしたものが一般国民に認知されて、ライセンスをもった者が働いているんだということであれば、老人ホームそのものの見方がかわってくるのではないかと思う（村田 1987）。

　このように、斎藤と同じく、資格を取得することが若年層や高学歴層の職業的プライドとなり、介護職の社会的地位向上につながると考えていたことがわかる。

## 3-3 老人保健施設創設に関わる危機感

　介護福祉士資格制度創設を後押しした背景として、老人保健施設の創設があげられる。老人保健施設は、「切迫する高齢者の社会保障体制の基盤や財政状況を改善する」ために、「病院（医療）と特養（福祉）との中間的機能を持ち、在宅復帰を主眼に置いた施設」（神谷 2013）として創設された[1]。1987年に全国７か所でモデル事業がスタートし、1988年には本格実施に移されて全国的に

---

1)　老人保健施設は、それまで「中間施設」として議論されてきたが、1985年に社会保障制度審議会が「老人保健制度の改正について」を提起、国は老人保健審議会に「老人保健施設の法制化を求める老人保健制度改正案」を諮問、1986年に老人保健法が改正されて1987年１月に施行老人保健施設制度が始まった。それまで「老人病院」「老人病棟」とされていたものの一部が「老人保健施設」と名称変更した経緯がある。

普及した。

　施設関係者の間では、1985年当時、「中間施設では痴呆性老人は対象にしないのではないか」「痴呆性老人はみんな特養に流れてくるのではないか」という憶測があったことを、特別養護老人ホーム足立新生苑副施設長であった松家幸子は以下のように述べている。

　　中間施設の問題を踏まえて、老人ホームにおける寮母の介護の内容が精神的ケアに大きな比重がかかってきて、それなりの技術の要望が強くなってきていることです。(中略) どの施設でも痴呆性老人の問題がクローズアップされてきています。私共の施設も何年か統計をとっていますが、昨年と一昨年を見ても新規にホームに入ってきたお年寄りの50%前後は痴呆性老人です。2人に1人は痴呆性老人が入ってきています。それも重度の方が多いのです。私たちはそういう現実をふまえながら本当に専門的な勉強をしていかないと寮母は手も足も出ないのではないでしょうか (松家1986)。

老人保健施設との機能役割の違いを含めて、松倉 (1986) と同様に、急増する認知症高齢者に対応できるよう、寮母に専門的な学習が必要であると考えていたことがわかる。また、前述した斎藤も、寮母の専門性の証として国家資格の必要性を捉えていたことが以下の発言からわかる。

　　現行でいかに研修を積み重ねても、保育施設に於ける保母または、医療施設の看護婦のような公的ライセンス取得には至らない現状である。(中略) 老人保健法に基づく、保健施設の設置は、医療看護の強弱を超えて、介護部門においては多年の老人福祉施設の寮母職の資質と能力、技術を高いものであると自画自賛するものの、資格問題の壁はどうも厚いようである。今後多様化する我が国の老人福祉に関して、寮母が総合的に主体的に担うものであることから、わが業界は、いまさら言を待つまでもなく、老人福祉と寮母資格は相関である意義を肝に銘じなければなるまい (斎藤1986)。

　以上のことから、老人保健施設には国家資格を持った医療職が配置される一方で、老人ホームの主たる担い手である寮母は専門教育を受けていない無資格集団のままであることに対しての危惧と、斎藤自身が「わが業界」と表現している介護福祉部門の施設団体としての意地やプライドにおいて、老人保健法における中間施設よりも先に、寮母に公的な資格を与えることを望んでいたことがうかがえる。

## 4節　厚生省の動向、シルバーサービスの容認と規制としての資格制度創設

　中央社会福祉審議会等の社会福祉関係三審議会合同企画分科会では、社会福祉士・介護福祉士制度創設の2年前から、マンパワー、特に社会福祉に携わる人々の資格化の問題が審議されていた。政府は、高まる福祉ニーズに対して公的なソーシャルワーカーやケアワーカーを増員するという方向での解決ができておらず、民間企業が社会福祉サービスを補完することを期待していた。

　一方、厚生省社会局に「シルバーサービス振興室」を設置（1985年11月）し、その振興・指導を行っていた。資格制度創設に関わった当時の厚生省社会局庶務課長の瀬田公和は以下のように述べている。

　　今後、民間のサービスが伸びていくという実態は避けられない、そうするとどうしても専門的な知識とか技術を持った人たちを育てなければいけない、倫理性を大きく身に着けたケアワーカーを育てなければいけないということを強く感じた。（中略）

　なにかひとつのものをつくる場合には、なぜつくるのか、何のためにつくるのかという強烈な問題意識があって、ひとつの制度を具体化していくことになるわけでしょう。そのなぜつくるかという中心点に私たちがシルバーサービスをすえたことは、間違いない事実です。それから専門性を適用していったことも、まぎれもない事実です（瀬田 1987）。

　この発言から、政府は、急速な高齢化に対応するマンパワーの確保のために、福祉事業の一部を、民間シルバーサービスに担わせることによって、その「受け皿」を「費用と時間をかけず」拡大しようとし、その後付けとして介護の専門性を実証しようとしたことがわかる。
　介護の専門性について、前述の瀬田は、1987年の法案成立後の座談会で福祉の専門性について以下のような発言をしている。

　福祉の分野は、タマネギと同じで、一見、専門的な知識、技術、どうしても他の人には踏み込ませない一つの領域があるように見えるが、議論していくと１枚ずつはがれる、気がつくと全部取れてしまって、これだけは、という聖域がない。どうしても誰にでもやれるという話になる。（中略）福祉の心を持った方なら、どんな方でも福祉の領域に入っていける。福祉の領域では業務独占の資格は出来ないんだろうなと初めに認識した。（中略）素人と専門家の間というものがきわめてあいまいで、ここからが専門的領域ですということが言えないのが福祉の業界。そこが資格を作ろうと考えた場合のいちばん大きな関門です（下線は引用者）（瀬田 1987）。

　また、瀬田と同じく厚生省社会局庶務課で法案作成に関わった阿部實も以下のように述べている。

　食事、体位の交換、衣服の着脱、排泄の介助等の行為は国民が日常生活でも行っていることから、それ自体を規制の対象にすることはなじまない

し、また、<u>善意に基づき行われる登録ボランティアといった形態でのサービス提供が生ずる福祉分野においては、有資格者の必置規制や設置努力義務を課すことはなじまない。</u>したがって、業務独占、必置規制等の強い規制は行うべきではない（下線は引用者）（阿部 1988）。

　以上のように、介護福祉士制度の法案作成に関わった政府担当者が、介護の仕事は「誰でもやれる」「ボランティアでもできる」と認識していたことがわかる。介護福祉士の業務範囲は、看護職のような業務独占ではなく名称独占と定められ、介護の専門性を評価し、国家資格に見合う雇用条件や介護現場への必置基準などについては検討されることがなかった。福祉関係者が創設を望んでいる国家資格を付与することで、そこに一定のハードルを設け、そのことが「質の担保」と表現されたが、資格の核となる介護職の専門性については明確にされなかった。

## 5節　社会福祉関係諸団体の動向

　積極的に資格制度創設に関わった団体は、日本社会事業学校連盟、日本ソーシャルワーカー協会、日本学術会議の社会福祉・社会保障研究連絡委員会、全国社会福祉協議会であった。当時の日本社会福祉事業大学教授の京極髙宣は以下のように述べている。

　近年シルバーサービスを中心として民間の福祉産業が急成長しており、また年金生活者等からもそうした民間産業に大きな期待がよせられていることなどを背景として新たな位置づけがなされるようになってきた。すなわち<u>社会福祉従事者の新たな専門職化が福祉サービスの質的担保や安全性</u>

の確保等への有効な対応策となることに政策上の関心が置かれるようになり、特に人口高齢化の進展により寝たきり老人等の介護需要の増大は顕著であり、これらに関わる相談指導の業務の資質向上が切実に求められる時代状況となってきたのである（下線は引用者）（京極 2007）。

　しかし、この発言からは、増大する介護需要に対する供給側の課題について、多面的に内省・探求し、発信しようとする姿勢は感じられず、結果的に民間サービス導入を推進する立場であったものとも考えられる。

　社会福祉専門職の資格問題や養成に関する議論は、法制化以前からなされていた。1971年には厚生省社会局が、福祉職の地位向上と社会福祉従事者を確保するため資格化を求め、「社会福祉士法制定試案」をまとめ、社会福祉従事者をきちんと位置づけようという動きがあった。内容としては、ソーシャルワーカーの資格を「一種」、ケアワーカーの資格を「二種」として位置づける案であったが、現場でいろいろな無理があることや社会福祉学会等でも反対があったことなどから、結果的には法律として制定されるには至らなかった経緯がある（京極 2007）。

　1986年に全国社会福祉協議会が社会福祉職員問題懇談会を開催、同年、日本社会事業学校連盟が「社会福祉専門職員養成基準の例示科目について」など介護専門職の制度化に関する内容について議論していた。福祉職の資格制度が検討される中、同年、東京で国際福祉会議と大阪セミナーが開催された。京極（1987）は、この会議を「我が国の社会福祉を国際的に見直す好機」と捉え、「外国の有力関係者から日本の社会福祉が、生活保護や保育サービス等で欧米先進国と比べてまったく遜色がない水準にも関わらず、国の行政主導性が強すぎるキライがあることや民間でも通用するソーシャルワーカーの資格化が極めて不十分なことなどが指摘された」と述べている。

　しかし、このことについて、北村喜宣（1989）は、「外国人により批判がなされたというよりは、日本側の報告者やパネリストのほとんどが資格制度の強い支持者であったことから、彼ら自身（厚生官僚や会議の企画者含め）が日本に

おける同制度の欠如を繰り返し強調し、資格制度のない日本の現状は国際的にみても問題があるというコメントを外国人参加者の口から引き出したもの」だと批判している。

　社会福祉学の分野においては、社会福祉専門職に関する議論は必ずしも多くの関心を寄せてきたものではなく、法制定以前の日本社会福祉学会における報告を見ても、このテーマに触れたものは少ない状況であった（古瀬 1987）。法制化に対する理論的な基盤を与えたものとして、1987 年 3 月の、日本学術会議社会福祉・社会保障研究連絡委員会（13期・一番ヶ瀬康子委員長）による「社会福祉におけるケアワーカー（介護職員）の専門性と資格制度について（意見）」（1987）があげられる。この意見書は、1985 年から 1986 年の 2 年間にわたり、老人ホームの寮母やホームヘルパーへの聞き取りを参考に検討を重ねたもので、この中では、ケアワーカー（原文の表現）の仕事は単なる家事援助の延長ではないことや、個別性を踏まえた創意工夫が必要であること、またリハビリの視点が必要なことなどが述べられている（日本学術会議 1987）。意見書は「ケアワーカー（介護職員）の専門性と資格制度」について述べられたものだが、意見書の終盤に、「ケアワーカー自体が十分にその力量を発揮して、一人ひとりの高齢者に対する対応を深めることができるようにするためには、いわば、地域、施設における福祉サービスのコーディネーターとしてのソーシャルワーカーの存在が不可欠である」とし、地域におけるソーシャルワーカーの専門性を高めること、老人ホームなどの園長の資格制の確立、さらに病院におけるメディカルソーシャルワーカーの資格制、必置制を決めることが必要であると締めくくっている。このことから、高齢化の進展への対応として社会的な需要が急速に高まったことによって必要とされた介護福祉士資格と、社会福祉関係団体の長年の悲願でもあったソーシャルワーカーの資格制度を、相互補完性を主張し、抱き合わせることで成立させようとしたことがうかがえる。

　この他、1986 年の兵庫県の「福祉介護士認定制度」創設の動きは、のちの介護福祉士養成教育の原型になったものとして注目される。この経緯については、中嶌洋（2007）の論文「我が国の介護福祉士制度の一源流」で、当時

の兵庫県民生部後年福祉課長、同制度研究会幹事であった辻寛の手記および証言が詳細に綴られている。兵庫県は1987年5月、ホームヘルパーや寮母等の福祉介護従事者の養成研修のあり方とその資格付与制度について検討することを目的とし、福祉介護士認定制度研究会を発足した。辻の記録によると、研究委員長であった関西大学社会学部教授の雀部猛利は、この研究が兵庫県単独のものではなく、将来的には国の制度として採用される必要があると考えていた。結果的に、この報告が1986年11月に発表されて間もなく、介護福祉士資格制度法制化の動きが急速に進められ、兵庫県の福祉介護士制度の内容が、国家資格制度に取り入れられたことが辻によって記録されている。

# 6節　隣接職種による資格創設に反対する動向

　介護福祉士資格制度創設について議論する中で、猛然と反対したのが家政婦団体と日本看護協会であった。

## 6-1　家政婦団体の動向

　1987年3月10日、労働事務次官に対し、全国民営職業紹介事業協会・日本臨床看護家政協会・日紹連看護婦家政婦福祉協会・全日本民営職業紹介事業福祉協会の4団体から、「社会福祉士及び介護福祉士法案に反対する旨の要望書」が提出された。その内容は、当法案が「介護の業務から家政婦等を締め出すおそれがある」というものであり、15万人の登録を擁する当該団体の「事業運営を根底から脅かす」というものであった（秋山 2007a:141）。実際に、当時およそ14万人の家政婦がさまざまな家庭に入り、家事援助を主としながらも、ねたきり老人の介護を行っているケースも少なくなかった（瀬田 1987）。自治

体の中にはホームヘルパーの仕事を家政婦団体に委託していたところもあり、特に在宅介護の分野では家政婦と介護福祉士の仕事の線引きが難しい状況であった。また、その委託料は同団体の大きな収入源であった。そのため、介護の国家資格者が誕生すれば、業務内容が重なる家政婦よりも信頼され、家政婦団体としては事業運営を侵害されることを危惧していた。また、当時の家政婦は、東北から出稼ぎに来ている主婦が主流を占めていた。地方の深刻な経済不況から、男性の出稼ぎができなくなり妻が出稼ぎに来るという背景があり、家政婦事業に関しても大きな社会問題をはらんでいた（瀬田 1987）。

　一方、家政婦団体を管轄していた労働省は、7月に家政婦に対する技能検定を計画していたこともあって、「家政婦と介護福祉士という同じような業務に国の関与する二つの資格ができるのは、国民が納得しない」と主張した（秋山 1987）。介護福祉士の業務内容が家政婦の仕事と重なるため、他の省に規制されることに対して強い反発があったと見られている。

　行政法学研究者の北村（1989）は、「社会福祉士及び介護福祉法は、ある意味で官僚による立法過程操作の産物と言える。福祉士法の場合、厚生省、その中でも特に社会局庶務課・老人福祉課の官僚たちが、主要な役割を演じた」と指摘し、さらに、「舞台裏では、労働省に対して大きな影響力を持っている政治家に対する厚生省の工作が行われていた。自民党の国会議員であるその政治家は、政治献金を受けている家政婦団体の依頼で、労働省に対し、厚生省に対抗するように圧力をかけていた」と述べており、家政婦団体の反対の陰に、政府内外で、さまざまな対抗意識や利害関係が絡んでいたこともうかがえる。

　厚生省はこれらの反対の動きに対する妥協策として、職業能力開発促進法に基づく「介護等に係る技能検定制度」に組み込むことを前提として、介護福祉士と連動させて無試験のコースを設けた。前述の瀬田（1987）は、「家政婦についても一定の研修とか実習または試験を行うことによって、家政婦そのものの質を高めて、一般的な家事にも従うけれども、介護については専門家であるような家政婦を一定数作り出していくことで解決をしようじゃない

ですかということで解決した」と述べている。

　また、秋山智久（1987）は、「厚生省はあくまでも『名称独占』であって、『業務独占』ではないことを主張し、あわせて後に、この労働省の技能検定合格者をそのまま『介護福祉士』として登録させる道を設けて、妥協することにより、この最大の壁を乗り切った」と述べている。この経緯からは、「同じ対象（高齢者）に同じような行為をする」という表面的な部分のみを捉えて議論がスタートしたこと、所管する部門の違いによる摩擦や軋轢、利権をめぐるさまざまな問題によって、介護福祉の本質や目的を問う考え方は希薄であったことがうかがえる。

　当時の日本社会事業大学社会事業研究所教授の古瀬徹（1987）は、介護福祉の概念について、「狭義の社会福祉サービスと類似ではあるが、従来別個の性格の業務として位置づけられてきた<u>家政婦による介護業務をも包含する概念</u>（下線は引用者）」とし、その背景として、当時の東京都における在宅福祉サービスを、ホームヘルパーの派遣制度と並んで、家政婦協会の協力による「家事援助人の派遣制度」が重要な役割を果たしていることをあげ、「家政婦が実質的に福祉サービスの一翼を担ってきていたという実情を法制面においても統合的に把握することとなった」と述べている。紆余曲折を経た結果、隣接領域であった在宅における家政婦の介護業務を「介護福祉」に統合、包含したと考えていたことがわかる。家政婦団体は、この線で鞘を納め、介護福祉士の専門性の議論は深められなかった。


## ▨ 6-2 日本看護協会の動向

　1987年当時の厚生省では、医療・福祉の分野で法的な資格制度のない職種について、資格を制度化する準備が急速に進められ、法案を3月中旬ごろに国会に提出し成立を目指していた。保健・医療分野では、メディカルソーシャルワーカー、言語聴覚士、クリニカルエンジニア、義肢装具士、補聴器装着士の5職種、福祉関係では社会福祉士、介護福祉士の2職種であった。日本

看護協会（以下、看護協会）は、これら7職種の資格制度は、看護の役割と密接な関係を持ち、教育や業務の定め方によっては、看護に及ぼす影響が極めて大きいと考えていた。

　特に、介護福祉士については、老人、身体障害者、精神薄弱者の介護業務を行う職種であること、また、准看護婦が都道府県知事の認可資格であることに対して、介護福祉士が国家資格を持つことから、資格のレベルが准看護師より上に位置づけられると考えていた。従来、保健婦助産婦看護婦法で業務独占領域とされている「療養上の世話」も、医療を受けていない在宅老人などになされる場合は介護福祉士が行えるよう位置づけたいという案であったため、看護の職域を侵害するものとして反対する立場を示した。看護協会は、介護福祉士制度創設についての対応を、協会ニュースに以下のように記している。

　　介護福祉士に関しては、本会の意向を明確に伝える必要性を感じ、要望書を厚生省に提出した。医療依存度の高い人の場合は、介護福祉士が看護婦の指示の基に介護する必要があること。在宅老人を介護する場合は、保健婦・訪問看護婦の定期的な指導を受ける特別養護老人ホームなどでは、看護婦の直接的な指導を介護福祉士が受けるよう、指導体制を明示するよう求めた。これら各職種の教育や資格認定に、看護婦職能団体も積極的に関わる意思がある（日本看護協会1987a）。

　上記のように、看護協会は、「社会福祉士及び介護福祉士法」が可決された後に開催された「社会福祉士、介護福祉士養成施設、試験等に関する検討会」に要望書を提出している。要望書の内容は「①専任教員に看護職の確保、②介護教育内容のガイドライン作成に看護職の参画、③業務基準による連携方法と責任体制の確立」などで、厚生省がこの意向をおおむね受け入れた形となった（日本看護協会1987b）。看護協会は、介護福祉士資格制度創設については「増大する老人障害者の介護需要に対応するために新職種が誕生したことはやむを得ない」と認めたものの、職域については、「介護は看護の一部で基本的部分

である。法律では対象者を福祉は障害者、医療は傷病者と区分している。しかし、一人の寝たきり老人は、障害者であると同時に傷病者なのであり、両者は連続線上にあり区分できない」との認識を示し、そのうえで、介護福祉士と看護職の位置づけおよび関係性について以下のように述べている。

　　介護福祉士は、家政と福祉と看護の接点をもつ、名称独占の職種で、看護職との指示関係はない。介護が看護の一部であってみれば、看護職の専門的なリーダーシップのもとで寝たきり老人を中心に目的を共有し、緊密な連携のもとに協働できる、心強いメンバーとして歓迎したい。現在看護職がヘルパーと協働しているように（日本看護協会 1987b）。

　このように、看護関係者は、あくまでも「介護は看護の一部」というスタンスを変えず、介護の領域と協力関係をとりながらも、看護婦がリーダーシップをとり、介護福祉士は看護婦の指示のもとに業務を行うべきであると考えていたことがわかる。

　看護協会による圧力は、介護福祉士の養成教育課程にも影響を及ぼした。厚生省は当初、看護婦に準ずる資格、または保母と同じような資格を考えていた。高卒2年または高卒3年で検討されていたが、結局高卒2年がスタンダードな形となった（京極 1998）。その背景には、3年課程を看護教育の中心とする看護協会の反対と、保母養成が2年であるため、介護福祉士を3年課程にするとバランスが崩れるという理由から、介護福祉士の養成期間は2年課程となった経緯があった（瀬田 1987）。つまり、厚生省は看護協会との関係において、介護福祉士養成教育を看護職養成教育よりも下位に位置づけることで、看護職の優位性を確保することを妥協点としたことがわかる。

　これらのことから、隣接する職種との関係においては、もっぱらテリトリー争いや上下意識によるものが中心となり、相互の専門性を積極的に評価しながら、連携のあり方を発展的に議論するということがなされなかったことがわかる。

# 7節 制度創設ありき、置き去りにされた専門性の議論

　資格制度創設以前、指導的役割を担う寮母に対しては、「福祉寮母講習会」や、その修了者を対象としたセミナーが開催されていたものの、多くの寮母たち自身は、「資格より適性、相手の身になって考えることが出来ることが大事である」と主張している状況であった。当時の老人ホームの処遇は科学的な裏付けや、処遇技術的なものよりも、寮母の熱意と奉仕の精神によって支えられ、寮母の人格に頼っており、科学的に捉えにくく、業務内容の分析や整理が十分にできていなかったことが指摘されている（松家 1986）。このことと同様に、仲村優一（1987）は、「福祉の心も医療の心も教育の心も、心の部分は基本的には同じなので、これはヒューマンサービスでは共通だ。それを福祉のほうでは特別な心があるように福祉の心といわれる。これが福祉の心さえあればできるというぐらいの、そのぐらいの福祉としてしか認識されてこなかった」と省みつつ、「社会福祉の領域で優れた実践というのは、本当に専門的なものがある。その中身の分析なり整理なりが不十分であり、それはこれからの作業としては、遅ればせながらでもガッチリやらなければならない」と述べている。

　このような状況において、介護福祉士を国家資格として成立させるには時期尚早であるという意見もあった。竹内孝仁（1986）は、「資格が生まれる条件として、学問や体系として成立すること、その有用性が広く認識されるという2つの柱を持っている。（中略）正直言って2つの条件からみる限り資格には程遠いと思える」と厳しく指摘し、その理由として、①専門性とは老若男女関係なく同じ水準のことが行えなければならないが、現状では寮母の性格や人格、年齢といったものに頼ってしまっていること、②まず、老人ホームそのものが社会に正しく受け入れられなければ、そこに働く職員の価値も認められないことをあげている。

　そもそも、介護福祉士国家資格の創設が、急ピッチで進められた背景には、斎藤十朗厚生大臣の強い指示があった。斎藤十朗氏は1986年7月、第三次中曽根内閣の最年少大臣として厚生大臣に就任した。斎藤大臣は自身の在任中に後世に残ることを成したいと考えており、その一つに「福祉・医療における身分法」の創設があったと言われている（大熊 2010）。1986年12月末、老人保健法改正案が成立して間もない折、次期通常国会に「士」制度を法制化せよとの厳命が下った。これは、厚生省にとっては寝耳に水の話で、人材養成制度を法制化しようとすれば、最低でも2〜3年の研究が必要という意見もあった。しかし、法制化を急ぐ斎藤大臣の意向を受け、厚生省は、前述した兵庫県の「福祉介護士」養成の研究成果をそのまま取り入れる形になったと言われている（中嶌 2007）。

　介護福祉の専門性について政府側が「立証が困難」と捉えていたことについて、社会福祉関係者側が、強く反論できるだけの業務の分析、積み上げがなかったことは、当時の寮母の実状や前述の関係者の発言からもわかる。しかし、福祉士の資格制度を望んでいた社会福祉関係者にとって「三十年来の悲願」を達成する絶好の機会であり、その後、ともかくも短期間で資格法制度が成立するよう、厚生省とともに全力で動いた。資格成立に関わった仲村は当時の思いや関係者の動向を以下のように語っている。

　私自身はまさに三十年来、これに取り組んできて、今日こういう形で、ともかくとっかかりが出来たということは主観的な言い方をしますと、感無量なものがあります。（中略）厚生省も大変だったと思いますが、それにこたえるかたちで関係団体が一致協力、団体は、日本社会事業学校連盟、日本ソーシャルワーカー協会、日本学術会議の社会福祉社会保障研究連絡委員会、全国社会福祉協議会、主だったのはこの四団体だと思いますけども、全面的にバックアップするということで体勢を整えて、おそらく瀬田さんのところでそれを最大限に活用されて、マスコミも最大限に使って、やはり世論を盛り上げたわけです（仲村 1987）。

　同じく資格制度創設に関わった秋山は、資格制度が構想発表からわずか5か月という短期間で法制定に至るまで過程を振りかえって以下のように語っている。

　こうした法案成立の過程に次つぎと生じてきた多くの障壁に対して、そのありさまをあたかもゲームの「もぐら叩き」のようだと称した人もいた。また、ことを成すにあたっては、「天の時、地の利、人の和」が必要であるとも語られた。正に種々の苦難の中にあって、今こそ悲願成就の時と思い、国会に近い全社協の新霞ヶ関ビルに集い、全社協・日本社会事業学校連盟・日本ソーシャルワーカー協会の三団体が結束して事にあたった結果の法案成立であったといえよう。もちろん、斎藤十朗厚生大臣の卓見や厚生省社会局（庶務課）の大変な努力、企画小委員会の見事な見通しと戦略、そして国民のためにこの法が必要であることを確信し決断してくれた関係議員をも忘れてはならない（秋山 1987）。

　これらの発言から、当時の関係者は、まさに「制度創設ありき」で、全力で動いていたことがわかる。また、介護福祉士資格よりも、ソーシャルワーカーの国家資格である社会福祉士資格の成立が最大の目的であったこともわかる。秋山自身も、「社会福祉関係者はこの法案をまず成立させることに全力を挙げたことにより、その中身についてはその大網を良しとして、詳しい内容の検討にはほとんどタッチせず、その作成を一方的に厚生省に任せてしまった」（秋山 1987）と、制度成立過程の問題を認めている。この法律が真に国民に貢献するものとなり、社会福祉の向上に益するものか、また、社会福祉従事者の資質向上と、その地位や生活安定に役立つものとなるかといった、もっとも重要で基本的な目的を果たすための、具体的な内容や実施方法については十分議論されなかったことがわかる。

　資格制度成立に関わった研究者らの動向について、小野哲郎（1988）は「政府自民党の意図に迎合、追随。制度の性格や内容もすべて厚生省任せ。それ

まで議論されてきた内容が資格法制定に十分反映されなかった」と厳しく批判している。

　福祉の専門性の議論が十分されなかった背景として、当時の国会は売上税の議論に多くの時間が割かれていたことと、5月23日までに成立した政府提出法案31本中に本法が入っており、また25日からの3日間に未処理の法案41本が成立する見込みという状況であった。介護福祉士と同時に資格制度が成立した社会福祉士の専門性についても同じく十分議論がなされず、これについて秋山（1987）は、「あわただしい状況がかえって幸いした。社会福祉の専門性や社会福祉士の業務や養成について綿密に論議していけば、またどこからか反対が出るやもしれぬという心配があった。それほどまでにはらはらしながら、切に大願成就を願っていた」と述べており、関係者は、資格制度の創設を最優先し、「社会福祉士及び介護福祉士法」における両職種の専門性をめぐる議論が置き去りにされたことが示されている。

# 8節　本章のまとめ

　介護福祉士資格創設時の経緯における問題点を以下にまとめる。

　1点目として、介護マンパワーの不足を補うために民間シルバーサービスが容認され、その質の担保と規制のために介護福祉士国家資格が作られたことである。しかも、それが「制度創設ありき」で進められ、十分な専門性の議論がされないままにスタートしたことである。加えて、当時の社会福祉関係者側が、介護実践研究や介護理論研究の蓄積が不十分であることを自覚しつつも、大願であった社会福祉士国家資格創設の好機とし、抱き合わせでの介護福祉士資格創設に向けて動き、大網は政府任せとしたことである。資格創設当時、社会福祉研究の蓄積から介護福祉士の価値についてもっと多くの

研究者からの意見を募り、制度創設について十分な議論を重ねていれば、また、たとえ過渡期には名称独占であっても移行期間を設けて業務独占の資格にすることや、介護事業所における必置基準についても同様の条件付けなどが行われていれば、その後の介護職養成教育の迷走や、今日の深刻な介護人材確保難は免れていたのではないだろうか。小野は、誕生した介護福祉士資格制度について、以下のように強く批判している。

　　国家責任としての社会福祉サービスを回避して民間企業に移乗する目的と、営利優先の原理から悪徳福祉産業の発生を予防し、かつ一定の管理規制をともなう行政責任という立場から、関連職種や職務内容に「名称独占」という、何等の実質的利益も地位もともなわない専門職を安易かつ形式的に設定して、あたかも社会的意義や評価を与えたかの如く装う意味で、最大の公的権威づけが正に形式的・制度的に必要であった（小野1988）。

　資格創設は、国家資格という社会的位置づけを寮母やヘルパーに与えたという一面では介護労働者の思いを汲んだ形にはなった。しかし、現場の介護労働者の実情や要求を踏まえたものではなく、処遇面の改善があわせて行われなかった。時を経て、介護保険制度が創設されたのちも、介護福祉士の必置規定はなく、一定数以上配置した場合に「加算」という形で介護報酬が設定されているだけである[2]。賃金面においては、「介護職員処遇改善加算」が設定されているが、加算を取得するにはキャリアパス要件として、職位・職責・職務内容に応じた任用要件と賃金体系の整備がなされていること（要件Ⅰ）。経験や資格、資質向上のための研修の機会があること（要件Ⅱ）。経験や資格等に応じて昇給するしくみを設けること（要件Ⅲ）などが定められており、これらは、すべて各事業所の努力によって初めて得られるものである。小規模

---

2）　たとえば、特別養護老人ホームにおける「サービス提供体制強化加算」など、介護福祉士の比率や常勤者の比率、経験年数の長い者の割合等によって加算額が段階的に設定されている。訪問介護事業所においては、サービス提供責任者がヘルパー2級の場合には減算。

事業所では要件を満たすことが難しく、そのため、勤務する事業所によって介護職員の賃金に格差が生じる不安定な状況である。現状を見る限り、介護福祉士制度創設時に寮母や施設関係者が期待したことや目指したこととは程遠く、介護職の専門性の社会的認知が高まったとは言い難い。さらに、利用者の権利を保証する意味からも、ますます多様化していく社会の介護ニーズに応えられるだけの人材が充足できていない。

　２点目は、隣接する職種との関係において、あたかも領地を侵害されるかのような争いに終始したことや、政府内外での対抗意識や軋轢が足を引っ張り、お互いの専門性を高めていくような働きかけに結びつかなかったことである。まず、看護関係者との関わりにおいては、最終的には介護は看護の一部、看護職の専門的なリーダーシップのもと協働・連携していくという考え方に妥協をした。看護の職域を脅かされるという意識や上下関係などの議論が中心となり、社会福祉専門職としての介護福祉士養成の目的や価値が主張できなかった。そのことが介護福祉士の養成教育課程にも影響を及ぼした。また、制度を創設しようとする厚生省の担当者においては、介護は誰もが家庭内で行っていること、福祉の心があれば誰でもできる仕事、家政婦と同様の仕事などと捉え、介護の専門性について「立証は困難」と明言したことである。国の政策としての社会福祉を計画・実行していく立場の担当者のこの認識は致命的であったと言える。買い物・炊事・洗濯・掃除といった家事や、食事・排泄・清潔等の介助などの行為のみに目を向け、その行為を通じて社会福祉労働が何を目指しているのかということは明確にされなかった。そのことは、のちの介護保険制度における介護業務、特に訪問介護における業務内容や時間の細分化・分業化や、介護人員配置基準における常勤換算の考え方につながっていったと思われる。また、訪問介護における生活支援の持つ専門性の評価が低く、介護保険事業から生活支援を除外しようとする考え方も、介護職の国家資格創設という重要な局面において、専門性と資格のあり方についての議論が深められなかったことが影響していると考えられる。

# 第3章

## 介護職の専門性とは何か

—— 先行研究による議論の到達点から

# 1節　課題の設定

　第1章では、介護人材確保政策の経緯をたどることにより、制度的にどのように位置づけられ、量的確保と質の確保の問題がどのような特徴をもって扱われてきたのかを明らかにした。公的責任を縮小する政策によって、介護現場は労働目的が異なる人材が混在する職場となり、職業集団として専門性を構築することが困難な状況にあることを確認した。また、第2章では、介護福祉士資格創設時の経緯と、関係者による専門性に関わる議論を振りかえり、今日の介護職員を取り巻く厳しい状況の引き金となった問題を確認した。それらを通じて、介護人材確保政策において、介護職の専門性が明確にされないまま放置されていたり、軽視されていたりすることが明らかになった。本章では、改めて介護職の専門性とはどのようなものか、また、どのような労働特性を持っているのかという点について明確にすることを試みる。介護職の専門性の中身については、これまで多くの研究者が議論しているが、さまざまな表現や枠組みが用いられていることから必ずしもわかりやすいとは言えない。介護職の役割が社会的に認められ、それにふさわしい養成教育制度や労働環境を整備することがなぜ必要なのかを訴えるためには、この点を明確にすることが重要である。

# 2節　分析方法

　介護職の専門性についての先行研究を収集し、それらの内容を整理し到達点を見出す。代表的な社会福祉研究者による議論を学術書等から検索すると

ともに、「介護」「専門性」「専門職」のキーワードをもとに、CiNiiと国立国会図書館サーチによる文献検索を実施した。CiNiiでは152件、国立国会図書館サーチでは114件が該当した。そのうち、すでに何らかの「専門性」を前提として（専門性の中身には触れず）論じられた研究は除外し、「介護または介護職の専門性とは何か」という核心の部分について探求を試みている論文に限定すると13件であった。いずれも、社会福祉士及び介護福祉士法が制定された1987年以降に議論されたものであり、それ以前に、介護職の専門性の中身を具体的に論じた文献は見当たらなかった。

# 3節　社会福祉分野における専門性の概念整理

　介護職の専門性を考える際に、まずは、社会福祉分野において「専門性」「専門職」「専門職資格」の概念がどのように論じられているかを見る。

　岡本民夫 (1988:58) は、「『専門性』と、それを具備し特定分野の作業をもっぱらの生業とする、いわゆる『専門職業』ないし『専門職』とは明確に区別しなければならない」と述べている。

　佐藤豊道 (1988b:80) は、「国家資格を得ている者も、国家資格を得ていないが『専門的』援助を行っている者も含めて『専門職者』と呼称する」と前提したうえで、「利用者の介護にあたる有給のケア・ワーカーは、誰でもが専門性の内容を持っていなければならない」と述べている。

　古川孝順 (1988:24) は、「専門職業としての資格が社会的に認知されたということとその専門職資格の所有者による援助活動が専門的であるといえるかどうかということは、必ずしも同じことではない」と前置きしたうえで、「専門職資格は当該する職業活動が専門的な知識や技術を必要とするものとしてとりあえず社会的に認知されたということであり、その職業活動の内容、こ

こでいえば介護サービスという援助活動の内容が真に専門的といえるものであるかどうか、その内容はいかなるものであるべきか、そのことは社会的な認知のいかんにかかわらず介護サービスの実践者・研究者・教育者によってつねに追及されていかなければならない」と述べている。

　これらの議論から、「専門性」「専門職」「専門職の資格保有」は関連するが、同じではないこと、また、「専門性」は資格の有無にかかわらず、介護を職業とする者が具備すべきものであり、実践を通じて探求し続けなければならないものであることが導き出される。

　さらに、上記の専門性に関する概念をさらに掘り下げた研究として、秋山（2007b:114-118）の研究があげられる。秋山は、社会福祉専門職の概念について、A.フレックスナー、E.グリーンウッドらに代表される専門職の「属性モデル」や、A.カーソンダースとP.ウイルソンによる「プロセス・モデル」の研究等を踏まえて、「専門職の解明が明確でなかったのは、専門性・専門職性・専門職制度の概念が混同されていたからである」とし、専門職の概念を整理した。秋山は、「専門性」「専門職性」「専門職制度」の3つの概念について、以下のように述べている。

　①「専門性」とは、「専門職性」の基礎となる、抽象度が高い「学問・研究
　　のレベル」の課題を持つ項目
　②「専門職性」は、「職業レベル」の課題を持ち、社会における「職業としての社会福祉」としての要点となる項目であり、「専門性」という学問レベルの基礎の上に、社会福祉が社会において職業として成立していくための、理論の実用性や有効性を探索していくレベルの課題
　③「専門職制度」とは、専門職がさらに社会で機能するために必要な「制度・
　　システムレベル」の課題（秋山 2007b:114-118）

　なかでも、③「専門職制度」について、「『資格制度』もしくは『専門資格』は、その中核となるが、これにも法定資格と民間資格があり、『資格制度』は重要

であっても『専門職制度』の一部にしか過ぎない」と述べている。また、他にも有資格者集団や、業務指針や労働条件などの課題があり、これらは資格制度、特に法定資格制度の中には規定され得ないものを含んでいること、さらにその資格が社会福祉士・介護福祉士のように「名称独占」であるならばなおさらであると付言している。

　専門性や専門職に関する先行研究は多数あるが、その対象を社会福祉専門職に絞り、混同しがちな「専門性」「専門職性」「専門職制度」という概念をこのように整理した研究は他には見られない。そこで、本稿では、秋山の概念枠組みを参考に介護職の専門性について検討する。また、本稿で「介護職の専門性」を検討する際には、秋山の言う「専門職性」＝「職業レベル」（「職業としての社会福祉」としての要点）として考える。「専門職性」の具体的な内容は次節に示す。

　さらに、秋山は、この３つの概念の位相について、「それぞれに独立したものではなく、『学問・研究』のレベルから、『職業』のレベル、またそこから『制度・システム』のレベルへと連続的に移行していくもの」であり、「その移行は具体化の方向に進むが、現場の実践や、制度との軋轢や問題が生じたときには、逆に抽象化の道を戻って社会福祉学の専門性から根本的に検討しなおす必要がある」（秋山 2007:114-118）と述べている。現状の介護実践現場における、深刻な介護人材不足と、それにまつわる介護職員養成のあり方や介護労働の変容は、まさに制度との軋轢・問題が生じている状態であり、社会福祉学の専門性に立ち返り検討することに重要な意義があると言える。

# 4節　介護職の専門性に関する先行研究の整理

　本稿で用いる秋山（2007b:114-118）の「専門職性」の概念の要点は、〈理念・目的〉〈理論〉〈実践の方法・技術〉〈手段的価値〉である。その具体的な内容

表3-1　援助専門職の専門職性の要点

| 〈理念・目的〉 | ●実用性・有効性の重視　●解決・援助<br>●生命・生活・人生への支援　●生活と人権の擁護 | | | |
|---|---|---|---|---|
| 〈理論〉 | ●独自の対象<br>　方法の探求<br>　業務の探求 | | | |
| 〈実践の方法・技術〉 | ●独自の技術習得と開発　●技術の普遍化 | | | |
| 〈手段的価値〉 | ●秘密保持　●非審判的態度　●受容　●専門職的権威<br>●情緒的中立性　●利用者の自己決定　●個別性の尊重 | | | |

（出所：秋山智久（2007b）「援助専門職の専門性・専門職性・専門職制度の要点」『社会福祉専門職の研究』から抜粋）

については、表3-1に示すとおりである。

　本章では、この要点に沿って、先行研究で述べられていることを整理分類し、その到達点を明らかにすることを試みる。

## 4-1　〈理念・目的〉

　介護の理念・目的を明確にするためには、介護福祉がどのような独自の視点を持ち、何を対象とするのかという「対象規定」を明確にすることが必要である。そして、介護サービスを通して何を目指しているのかということを明らかにする必要がある。

　介護独自の視点と対象について、井上千津子（2000:6-8）は、対象となる利用者の「生活障害」に着目している。「疾病、障害の背景には生活基盤の脆弱化」があり、「生活障害の裏には疾病が潜む」とし、介護は「疾病や障害の状況と生活基盤との関係性に視点を置き、その中から問題の所在を明らかにして介護を組み立てていかなければならない」と、要介護状態の対象の把握について述べている。

　小川栄二（1998:97-103）は、対象を「在宅生活者の衣・食・住を中心とした基本的な生活の局面で現れる生活内容の貧困化・悪化及び自立性の後退」を

「生活後退」という概念[1] で示し、「生活後退」は、本人の心身機能の低下（生活障害）に起因しながらも、「ADLだけで解明できるものではなく、その原因と深刻化が社会的背景や、本人の生活史の中で社会的な背景を持ちながら形成されていくものであり、またその解決力を個人と家族に帰すことができない問題が多い」と述べている。

金井一薫（1998:220）は、「ケア（看護・介護）とは、人間の身体内部に宿る自然性、すなわち健康の法則（＝生命の法則）が、十分にその力や機能を発揮できるように、『生活過程』を整えること」としたうえで、「家事援助（家政）は、『生活過程』を整える援助の中心に来るテーマである。『身体介護』が行われるためには家事・家政が滞りなく行われていなければならない。介護は人間の基礎部分を担う活動であり、この活動なくして人間は、生命活動を維持することは不可能なのである。その意味で、介護が担う家事・家政が、ケアという活動の根幹部分である」と理念的介護観を述べている。

石田一紀（2015:154-155）は、介護福祉労働の目的は、「衣食住という生活の基本のところに焦点をあて、そこから派生する生活問題を起点として、要介護者の生活文化、生存権・発達権を追求していく」とし、生活問題の入口に家事労働のつまずきがあり、その改善の足がかりが潜んでいること、今ある生活が崩壊していくことで人間として社会的平均的に保障されるべき生活水準が劣化していくことや、家族構成員の人間としての発達過程が希薄になることをあげ、「これらの主たる契機に、家事労働が担ってきた衣食住を基本とする生命の再生産・生活文化の脆弱化がある」と、要介護状態が生まれる契機を述べている。

これらの議論から、「介護の対象」は、心身の障害や疾病による生活問題を

---

1)　小川（1998）は、「生活後退」の背景として、「①本人に内在する問題、②家族・知人など介護者の問題、③生活手段の問題、④医療、保健・福祉サービスの問題、⑤地域・社会関係の問題、などが考えられる」とし、「生活後退は、本人の心身機能の後退（生活障害）に起因しながらも、その原因と深刻化が社会的背景を持ち、あるいは本人の生活史の中で社会的な背景を持ちながら形成されているものであり、また解決力を個人と家族に帰すことができない問題が多い」と述べている。

抱えているだけでなく、その原因もしくは結果としての社会的状況や、さらにそれを背景とした個別の生活基盤の不具合がある人々であり、そのために起こるさまざまな問題を改善するためには、まずは生活基盤を整えることが援助の基本となるということが導き出される。

　次に、介護サービスを通して何を目指すのかということについて、井上（2006:6-8）は、「介護は基本的な生活欲求を満たし、命を護り、生きる意欲を引き出すことを視点とする」と述べ、佐藤（1988a:38-40）は、「利用者の生活の質を改善し、直面している差し迫った問題を解決に導くこと、および可能な限り利用者の生活の主体性、自立性の育成を図り、日常生活の営みを援助するという２つの目的がある」と述べている。また、石田（2015:154-155）は、「人間性の回復を通じて個々人が主体的に問題を解決し発達していくための生活力を形成することが介護福祉労働において目的になる」と述べている。これらのことからは、利用者が今困っていること、日常生活を自力で行えなくなっている状態を支援し改善することで、利用者の意欲や主体性を高めていくことの重要性が導かれる。

　また、黒澤貞夫（2006:19）は、「憲法第十三条の基本権としての幸福追求権、第二五条の健康で文化的な生活を営む権利としての生存権が介護福祉の理念としての目的」であり、実践においては、「それを理念として仰ぎ見ながら、具体的な方法をもって実現されていくべき」と述べている。坪山孝（1989:22-24）は、介護の本質は「人間が生存していく時の人間らしさの追求であり、人が他の誰でなく自分らしい生活を送り続けることができるようにするための追求である」と述べている。一番ヶ瀬（1987:3）は、「その人のもっている残存能力、意欲、また環境をも理解し、その人一人ひとりの、さいごにいたるまでの全人的福祉、全面的発達を前提にした介護の在り方を、十分に検討しながら、人権保障の具体的展開として創り出していくこと」と述べている。

　つまり、介護サービスは、介護行為そのものが目的ではなく、要介護者の生活状態や人格に対して、家事・介護を通じて働きかけていく理念的労働である。介護サービスによって目指すことは、生活基盤を整える関わりを通し

て、利用者の生命と尊厳を守り、そのことによって利用者の生きる意欲を高め、利用者固有の生活問題の解決に向けて、利用者とともに、その人らしい幸福な生活を追求していくことであると言える。

## 4-2 〈理論〉

　介護福祉の理論を明確にするためには、どのような体系を持っているか、独自の方法はどのようなものかを明らかにする必要がある。介護福祉の体系について、岡本 (1989:1-2) は、「これまでの専門分化した介護や介助ではなく、その人間の生活全体を視野に入れ、その人の社会的機能と社会関係とのかかわりの中で、可能なかぎりでの自立の達成を目指す一連の身体的、心理的、社会的世話であり、介護努力である」と述べ、職業としての介護が、単なる介助ではなく、「社会福祉の一部としての介護福祉」であるという視点から幅広い知識習得の必要性を示した。また、相澤譲治 (1989:35-36) も、「介護行為には、実に多様な知識が必要となる。人間自体について、そして病気や障害などの人間の身体面、心理面、社会面に関する基本的知識について体系的、統合的に学んでいかなければならない」とし、幅広い知識とともに、「施設介護における直接・間接処遇職員同士の相互連携」や、「在宅介護における、医師・看護婦・保健婦などの専門的知識を持つ人のアドバイスが必要」と述べ、社会福祉援助としてのチームアプローチの必要性や他職種との連携の必要性を示した。

　日本学術会議 (1987) は、「ケアワーカーの専門性はまず、社会福祉に働く者としての倫理性や、みずからの役割認識、さらに社会福祉制度への理解を前提として、現在の家政学などの成果を十分組み入れた家事援助、個々の高齢者の自立度や病状など個別の事態に対応できるような介護、さらに医療関係者とチームワークを組めるだけの教養を必要とするものである。しかも、それらが一人ひとりの個別性に応じて統合化され、総合的に活用されるという点がもっとも問われる力量であり、その意味においてそれはいわば専門分

化した専門性ではなく、諸科学を応用、総合するなかで、直接、生命と生活
にかかわる専門性として、位置づけられなければならない性格のものである」
と述べ、学ぶべき領域を具体的に示すとともに、諸科学の応用、総合という
介護福祉学の特性とそれを実践に活用できる力量の習得も強調した。村田久
行（1997:67-68）は、介護福祉専門職養成教育の3つの柱として、「利用者の身
辺介助と生活支援のための知識と技術」「人間関係を形成し、利用者の人間的
成長を支えていく技能（コミュニケーション・スキル）」「人間の生と死・老い・病
いに対する見識」をあげ、ソーシャルワーク、死生観をも含むものと示した。
　また、小田兼三（2000:94-95）は、「学問性としては看護学・医学に方向付け
られた介護技術と、社会福祉学を後背景としてもつ社会福祉の政策と実践の
接点において、対人サービスとしてスパークした介護福祉とその周辺領域を
視野に入れつつ、成立している」とし、「さらに学際性と死生学も含めた構
成の中で、『広義の社会福祉学』の中に位置づけられてもよい」と述べてい
る。この「学際的（性）」という表現は2000年以降に用いられており、ほかに
も、大塚保信（2000:101）は、「基本となる社会福祉学は、社会哲学をはじめと
して社会学、心理学、医学などの基礎的科学を基盤としつつ、保健学、教育
学、行政学などの隣接領域の全ての学問的成果を組み込み体系化されていく
べき学際的科学あるいは複合的科学である。実践的科学である介護福祉学は、
さらに学際性を高次に求める分野に位置しているといえる」と述べた。また、
黒澤（2006:21-22）は、「学際的とは、介護福祉に関係する他の学問領域を取り
入れて固有の専門領域を豊かに、そして有用なものとすることである。例え
ば医療、物理学、生物学、哲学、心理学、社会学といったほかの分野の知識
が必要である。介護福祉はそれら他の分野の成果を大いに取り入れている。
この必要性はさらに増していくであろう。すなわち、介護福祉の固有の専門
性を十分に活かすための学際的な連携・協働なのである」と述べ、介護福祉は、
関連する諸領域の学際的な取り込みによって幅広い知識が求められ、その実
現が介護の専門性であるということを示した。
　そのほか、藤原芳朗（2006:62）は、「援助の理念や援助の技術を科学的に習

得し、また、専門知識や関連領域の法や制度を含めて、総合的な意味での対象者の理解が基本要件となる。こういったことがらを介護福祉専門職は強く求められ、理解、修得した上で介護福祉サービスを提供し、相談援助や介護にあたるべきである」と述べ、介護の理念・目的を実現するための、援助者が持ち合わせるべき資質や力量を強調した。鴻上圭太（2008）は、「医学的、生理学的等知識の見地を根拠に持ち、介護技術としての具体的身体援助へのスキルと、要介護者との関係構築能力（つまりコミュニケーション能力）を持って、要介護者本人、その家族、他の専門職に援助計画の提案ができること」と述べ、専門職として根拠に基づいた援助計画が立案できる幅広い能力を養う必要性を示した。根拠に基づいた援助計画を立案するということは、介護の理念・目的を実現するための一連の介護過程が展開できる力量の習得を言う。この点において唯一、具体的にケア理論として提唱されているものとして、金井（2004:10-14）の「KOMI理論」がある。金井はナイチンゲール研究の第一人者であるが、看護と介護に共通する独自性を「生活の処方箋を描き、生活を整える実践」であると示し、両職種共通のケア理論を示した。その内容は、①目的論、②疾病論、③対象論、④方法論、⑤教育論、⑥組織論という構成で独自の理論を形成している。

## 4-3 〈実践の方法・技術〉

　介護実践の方法・技術を明確にするためには、介護実践・援助として独自の方法や技術は何かを明らかにすることが必要である。

　一番ヶ瀬（1997:3）は、「生きる希望と具体的な方法つまりその計画が自ら再発見されるような援助をしなければ、どんなに部分的に介助をしても、それはたんなる行為でしかない」と述べ、介護福祉の理念・目的を理解し、介護計画に基づいた目標志向型の援助でなければ専門職の介護実践とは言えないことを示している。

　田中安平（2006:77）も、「介助技術はあくまでも介護技術の一部である（下

線は引用者）。個別性は障害の内容に生じるものであり、提供される介護技術は障害者それぞれに対して微妙に異なる。利用者主体のサービスが提供できるように、自己を律し、必要なサービスを見極めて、適切に実践することであり、これが介護過程となり、アセスメントした後に介護サービスを意識的に提供することである」と述べている。

　また、鴻上（2008）は、「方法論に科学に裏付けられた根拠が無いと、その実践もその場限りとなり、継続性を失うものである。実践を積み上げ、分析し、理論化してまた実践することで、更によりよい援助が提供できる。これこそが介護専門職の専門性の確立に繋がり、介護専門職が社会に責任を持つということである」と述べ、根拠に基づいた実践の積み上げと、分析による理論化、つまり、場当たり的な対応や経験値に頼るような対応ではなく、その技術の普遍化こそが専門的介護であり、社会的責任を果たせるものであることが導かれる。

　井上（2000：2-17）も、同様に、介護実践における専門性について、「①科学的な技術に裏付けられた介護実践：科学的根拠と客観的に裏付けられた手法をもち、その手法を個別化していく技術に裏付けられた実践、②予防的な実践：何故そうなったか、今後どのように変化していくか、という予測の上に立ち、これ以上病状を悪化させない、緊急事態への適切な対応、または生活障害を拡大させないための予防、③自立性を目指した介護実践：介護を必要としている人が持っている可能性を発見し、引き出していく介護であり、常に現状を変化させていく実践」の３点を示している。また、介護の独自性・専門性を支える介護技術として、「人間関係形成技術」「生活行為を成立させるための技術」「家事機能を維持拡大する生活技術」をあげ、食事を例にとって、「利用者の家庭の台所で、その家庭の炊事道具を使ってその人の好みや、身体状況、経済状況、生活習慣に合わせ、しかも介護の目標に合致した食事を用意することは、決して誰でもできることではない。ここにこそ介護の専門性が存在するといえる。こうして専門性に裏付けられた食事を、専門性に裏付けられた摂食技術によって、食物を食べることが可能になる」（井上 2000:9-11）

と述べている。

　石田（2015:155-156）は、「生活時間や衣服、部屋の使い方、整理整頓の仕方、ごみの内容などを観察するだけではなく、要介護者が生活の中で何を大切に考え、どうしたいと考えているか等の内面的欲求、その実体を、生活場面総体の観察とコミュニケーション等によって明らかにしていくこと」が必要であるとし、「利用者の家そのものに入っていくホームヘルパーがより典型的な介護福祉労働であると言えるかもしれない」と述べている。また、山本栄子（1997:115）も、「ホームヘルパーは、その家庭の習慣・文化を守りつつ、家事機能の補完を行ない、快適な生活空間作りを心がけるのです。その中から、心身の変化や生活上の変化に気づき、他の専門職へつなげるといった大切な役割を担っています。潜在化するニーズを顕在化させ、問題解決へと導くという専門性の高い仕事です」と述べている。

　つまり、ホームヘルパーは生活援助そのものの技術はもちろん、より個別性の高い利用者の居宅において柔軟に対応できる応用力、利用者の信頼を得られるコミュニケーション能力、援助を通してニーズを顕在化させる目配りと鋭い観察力など、より高い専門性が求められることが導き出される。ヘルパーは、とかく主婦の家事の延長のように見られがちであるが、それは、介護福祉サービスの理念と目的に関する無知、あるいは介護労働者および介護サービス利用者の軽視から起こるものであると考えられる。


## 4-4 〈手段的価値〉

　介護福祉の価値を明確にするためには、理論や実践の方法・技術の根底にある介護福祉学における価値の解明、特に手段的価値の解明が必要である。

　坪山（1989：22-24）は、「介護は、介護する者と受ける者との相互の人格的関与であり、心理的配慮、精神的援助も含まれるきわめて重要な社会福祉援助の一形態」とし、「介護を受ける人の『自己決定の尊重』、対象者の生き方や人生そのものへの『共感』、『個別化』が必要である」と述べている。黒川

昭登（1989:61）も、「ケアワークの『専門性』は、被援助者の理解とはかかわりのない援助の技法つまり『ケアそのもの』の中にあるのではなく、『ケア』を有効適切に生かすためには、一人一人違う利用者を個別的に理解することにあり、個別的な理解を背景とした個別的で特殊な援助方法の中にある」と述べている。

　佐藤（1988b:87-88）は、介護福祉の価値について、「個別性的存在」「民主主義」「人道主義」「自己実現化過程」をあげている。それらに価値を置き、「できるだけそれが達成しやすいように援助し、それを通して、利用者の生活の質を高める。また、それらを可能にするために、人と環境を相互に滋養的にする適切な合目的的な働きかけを行い、利用者が現在提示している現象自体がどうであれ『人間は変化するものという信念』を持って、人間の変化の可能に対する可能性を信じていくことである」と述べている。

　井上（2000:6-8）も、「介護は『人格を持った相手に働きかける行為』であり、介護を受ける人と介護をする人との関係性は、人格を持った主体と主体の『対等性』である」と述べている。また、社会的責任として、「介護する側に『守秘義務』が課せられる」と述べている。

　その他、西村洋子（2005:135-136）は、「介護従事者は、要介護者への援助者としての自分自身をよく知る（自己覚知）こと、介護ニーズを充足するために必要なケアサービスの提供者・機関、および介護制度・施策に関する『改善・整備に働きかける努力』をする。いわば最善の努力をもって利用者に向き合う必要性」を示している。

　これらの議論を見ていくと、利用者と援助者の「対等性」「個別性の理解」「共感的態度」「自己決定の尊重」「民主主義」「人道主義」「守秘義務」「自己覚知」というキーワードが抽出される。それらは、社会福祉援助職共通の価値基準に重なるものである。とりわけ、介護職は、直接援助により、極めてプライバシー性の高い領域に踏みこむ職種である。利用者は援助を受けるために必要な多くの個人情報をさらけ出さねばならないことや、排泄介助などの羞恥心を伴う介護を受けることにより、自尊心が傷つく場面も少なくない。そのよ

うな意味からも、介護職には一層これらの価値基準、倫理観の涵養が求められる。

# 5節　介護職の専門性とは何か（先行研究の議論の到達点）

介護職の専門性に関する先行研究の整理に基づいて、その到達点を以下に記述する。

## 5-1 〈理念・目的〉

介護の対象は、心身の障害や疾病による生活問題を抱えているだけでなく、その原因もしくは結果としての社会的状況や、さらにそれを背景とした個別の生活基盤の不具合がある人々である。介護は、それらの人々に対して、衣食住を中心とした生活基盤を整える関わりを通して、利用者の生命と尊厳を守り、そのことによって利用者の生きる意欲を高め、利用者固有の生活問題の解決に向けて、利用者とともにその人らしい幸福な生活を追求していくことが介護の理念・目的である。

## 5-2 〈理論〉

まず、社会福祉学の領域としての倫理観と役割認識、相談援助に関する知識と技術、社会福祉制度等の理解等を前提とする。さらに、対象者への直接的な実践により生命と生活を守る職業である者として、隣接する看護学、家政学に関する学問領域が含まれる。加えて、介護は人々の人格、死生観、尊厳に極めて深く関わる職業であることから、関連する諸領域（社会学、心理学、

哲学、医学、生物学、物理学など）の学際的な取り込みによる幅広い知識と教養の涵養による人間全体の理解が求められる。そして、それらを個別性に応じて応用、統合し、根拠に基づいた介護過程の展開ができることが、介護の理念・目的に基づく理論体系であると言える。

## 5-3 〈実践の方法・技術〉

　根拠に基づいた介護計画を立案し、介護目標の達成に向けた意識的な実践を行うこと、そして、実践の積み上げと分析による理論化、つまり、その場限りの対応や経験値に頼るような対応ではなく、その技術の普遍化こそが専門的介護であり、社会的責任を果たせるものである。そのような介護実践は、科学的根拠と客観的に裏付けられた手法を持ち、その手法を個別化していく技術を持つ。また、予測の上に立ち、悪化防止や緊急事態への適切な対応、および生活障害の悪化を予防する実践である。さらに、利用者の持っている可能性を発見し、引き出していく自立性を目指した実践である。そのために必要な技術として、人間関係形成技術、生活行為を成立させるための技術、家事機能を維持拡大する生活技術、加えて、援助を通してニーズを顕在化させる目配りと鋭い観察力などが求められる。

## 5-4 〈手段的価値〉

　介護における手段的価値として、利用者と援助者の「対等性」「個別性の理解」「共感的態度」「自己決定の尊重」「民主主義」「人道主義」「守秘義務」「自己覚知」があげられる。それらは、社会福祉援助職共通の価値基準に重なるものである。とりわけ、介護職は、直接援助により、極めてプライバシー性の高い領域に踏みこむ職種である。援助対象者の介護の理念・目的を肝に銘じて、利用者の生命や尊厳を傷つけることがないよう、介護職には一層これらの価値基準、倫理観の涵養が求められる。

# 6節　介護労働の特性

## 6-1 先行研究における議論

　次に、「介護労働」の特性について述べた先行研究の議論を見ていく。

　古川（1996:3-4）は、「介護労働はそれが寮母や生活指導員によって創出（生産）されると同時に利用者によって利用（消費）されるという性格のものであり、その成果がモノのかたちで残されるわけではない。介護サービスは、それを創出し、提供する寮母や生活指導員とそれを利用する利用者が、場所と時間を共有していて初めて、その創出と利用が実現される」と、介護労働の特徴について述べている。また、「介護サービスの成果」は、「利用者の福祉ニーズの解消やADLの向上というかたちで確認することはできるが、介護サービスそのものを見たり触れたりできるものではなく、われわれが見ているのは寮母や生活指導員が働いている姿であって、介護サービスそのものではない」と述べている。そのため、その品質は労働というかたちでその具体化の過程を担う介護職員の中に蓄積されている経験の量や質、知識や技術の程度によって規定せざるを得ないため、それだけ、専門職としての教育や知識の習得度、技術の習熟度を表示する尺度としての専門職資格の持つ意味が大きくなってくると指摘している（古川 1996:4）。

　石田（2015:27-28）も同様に、「介護福祉労働は、生きた人間の活動として表現され、その成果は物的形態をとらず、労働とそれが消費されていく場、時間は、同一体的であり同一空間で展開する事など、という特性を持っています。とりわけ、労働の成果が物的な形とならないゆえに、何をなし得たか、その人がどう変わろうとしているか、可能性を見失うことなく、アセスメントし合うことができる仲間の力が必要であるという特性を持っているのです」と述べている。これらのことから、介護労働の特性は、介護サービスの提供とそ

の利用は場所・時間が同一であること、そして成果はモノではなく、介護労働という具体的援助に表出され、可視化できることとできないことがあることが示されている。そのため、その具体的提供者である介護職員が確かな専門性を発揮できるような養成教育が重要であり、介護サービスが適切に提供できているかどうか、仲間同士で確かめ合える職場でなければならないことが導き出される。

　また、古川 (1996:3-4) は、介護は人的サービスであるため、「労働集約的なサービス」であると述べ、介護職員が「１日のうちに対応しうる利用者の数にはおのずと限度が存在する。介護サービスは本質的に大量生産大量消費という方式にはなじみえない。むしろ少量多品種生産と個別的消費という方式にならざるをえない。利用者の福祉ニーズが多様であればそれだけ、介護サービスの提供者は多品種かつ最適のサービスを、その場その場で、しかも多くの場合きわめて短時間のあいだに、創出し、提供しなければならない。介護サービスにおいて、質量両面に目配りしたマンパワーの確保が重要な意味をもつゆえんである」と述べている。

　井上 (2000:6-8) は、介護は、「ただ単に介護を提供する、介護をうけるという関係だけではなく、人格と人格との関わり、命と生活を共有するという相互作用の中に成長が存在していなければ介護の価値は高まらない」とし、介護労働が人を相手とする「対人格労働」であることを述べている。村田 (1997:69) も、「人と人の相互関係」を重要な視点と捉え、「介護の仕事において、『人間関係に基づいた援助』という側面が欠けてしまったら、それはただの一方向的な『作業』、あるいは単なる『業務』に過ぎなくなるでしょう。そしてもし、私たち介護の専門職が利用者を部品や機械のように扱うなら、私たち自身も逆に、相手の利用者から『修理工』やただの『お手伝いさん』としてしか応じてもらえないのではないでしょうか」と述べ、介護とは、「身辺介助、生活支援を通して相手の気がかり (care) を担っていく援助」であり、「そのとき、相手の喜びが私の喜びとなり、相手の悲しみが私の悲しみとなる双方向の人間の関係が、介護という仕事をかぎりなく豊かなものにしていく」と述べている。また、石

田（2004:187）は、介護福祉労働について、「人格を構成していく諸能力の獲得やその発達という課題を担っている。と同時に、すでに獲得しているその人の諸能力の総体（「その人らしさ」で表現される人格）が発揮されていく生活の場を要介護者とともに想像し、発展させ、人間としての社会性を保障していく労働である」と述べ、職業としての介護は専門性を必要とする社会福祉労働であり、一般の市場で売買される、対人という共通性を持ったサービスを提供する労働と同質化させてはいけないということを主張している。

## 6-2　介護労働の特性とは（先行研究の議論の到達点）

　以上のような先行研究の議論から、「介護労働」の特性について以下のことが導き出される。

①介護労働は、モノを生産して販売するような類のものではなく、生産されるのは具体的な援助そのものであり、その援助は、創出されると同時に、利用によって消費されるということ。

②他のサービス業と異なる点として、介護労働は、家事や介護という具体的な行為を通して、援助者と利用者という対等な人格が、互いに働きかけ合うことによって互いに成長し、新たな可能性や変化が生まれること。また、それが、介護職員にとって、対人援助職の喜びや働きがいにつながるということ。

③人格に対して働きかける労働であるがゆえに、そのニーズは、多様かつ変化し続けるものであるため、そこに対応する介護労働は、製造業のように機械に置き換えることができない部分が非常に多い労働集約性の高いものであること。

④このような労働特性から、介護サービスを提供する職員については、確かな専門性が養われるような教育が重要であること。および適切な人員の確保が必要であること。

# 第4章

介護職の資格制度

　本章では、近年の介護職の資格制度に着目する。まず、1節では現状の介護職員の多種な養成制度の概要を確認する。2節では国家資格としての介護福祉士の位置づけと現状について把握する。さらに、3節では、国家資格ではないが日本介護福祉士会が設けている「認定介護福祉士制度」の概要と課題を、4節では、資格に関連して、職能団体である日本介護福祉士会の状況についても触れる。5節ではそれらを踏まえたうえで、介護職の資格制度の問題点を明らかにする。

# 1節　介護職員養成制度の概要

　介護職員の養成については、介護福祉士国家資格取得に向けて多元的なルートがあることや、介護福祉士養成施設卒業者の国家試験受験義務化の必要性などについて議論が重ねられてきた経緯がある。2010年には、「質の高い介護サービスを提供していく観点から、介護職員に占める介護福祉士の割合は高い方が望ましい」と示され、介護サービスの質の確保と人員確保を両立させつつ、「当面5割以上を目安とする」ことなどが議論された[1]（厚生労働省社会・援護局2010）。実務経験者の国家資格取得のルートの明確化と、質の担保を目指して、2013年には、介護職員基礎研修とヘルパー1級を1本化した「実務者研修（450時間）」、ヘルパー2級を移行させる形で「介護職員初任者研修（130時間）」が設けられた。

　しかし、その後、介護人材不足が悪化してくると、量的確保を推進するため、より短時間の養成研修が2つ創設された。2018年には「生活援助従事者

---

1)　厚生労働省社会・援護局福祉基盤課「第8回今後の介護人材養成の在り方に関する検討会」（平成22年12月22日）において、介護職員に占める介護福祉士の割合について議論された。

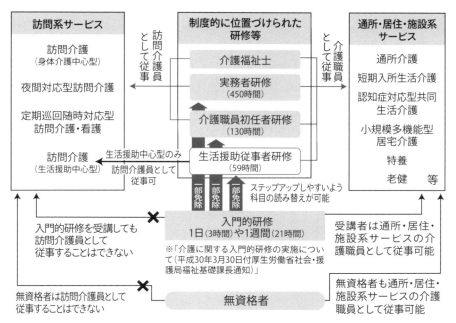

**図4-1. 現状の介護職員養成研修の全体像**
（出所：厚生労働省「入門的研修の概要」をもとに筆者作成）

研修課程（59時間）」が創設され、訪問介護における生活援助は、当該研修を受ければ従事できるようになった。一方で、介護福祉士等は身体介護を中心に担うことが示された。さらに、介護未経験者の参入を促進するため、「入門的研修（21時間）」が設けられ、介護職員養成の階層的なしくみは、ヘルパー１級～３級の時代よりも細分化され、一定の質を確保するための研修時間は、より短時間で簡素なしくみが作られた。現状の介護職員養成研修の全体像を図4-1に示す。図4-1に示すように、介護職の養成制度は階層的に複数存在する。ここでは、それぞれの養成課程におけるカリキュラムの概要を把握する。

## 1-1 介護福祉士

　介護福祉士は、「社会福祉士及び介護福祉士法」に基づく名称独占の国家資

格である。

　資格取得方法は大別すると、厚生労働大臣が指定した養成施設を卒業する方法（養成施設ルートと福祉系高校ルート）と、3年以上介護等の業務に従事した者等が介護福祉士国家試験に合格する方法（実務経験ルート、経済連携協定ルート）の2つがある。介護福祉士養成施設の教育課程は、授業時間1,850時間で、カ

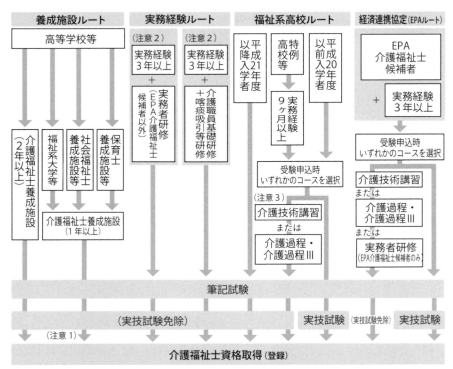

(注意1)「社会福祉士及び介護福祉士法」の改正により、平成29年度（第30回）から、養成施設ルートが介護福祉士国家試験の受験資格となった。なお、養成施設を令和8年度末までに卒業する者は、卒業後5年の間は、国家試験を受験しなくても、または、合格しなくても、介護福祉士になることができる。この間に国家試験に合格するか、卒業後5年間続けて介護等の業務に従事することで、5年経過後も介護福祉士の登録を継続することができる。令和9年度以降に養成施設を卒業する者からは、国家試験に合格しなければ介護福祉士になることはできない。
(注意2)　実務経験ルートで受験を希望する者は「実務経験3年以上」だけでは受験できない。
(注意3)　平成20年度以前に福祉系高等学校（専攻科を含む）に入学し、卒業した者、特例高等学校（専攻科を含む）を卒業し、9ヶ月以上介護等の業務に従事した者が、「実技試験の免除」を申請する場合は、「介護技術講習」、「介護過程」、「介護過程Ⅲ」のいずれか1つを修了または履修する必要がある。

**図4-2. 介護福祉士受験資格（資格取得ルート図）**
（出所：公益財団法人社会福祉振興・試験センター「介護福祉士国家試験」「受験資格（資格取得ルート図）」をもとに筆者作成）

## 表4-1. 介護福祉士資格取得のための各ルートとカリキュラム

**養成施設ルート**

| 教育内容 | 時間数 |
|---|---|
| 人間と社会 | 240 |
| 人間の尊厳と自立 | 30以上 |
| 人間関係とコミュニケーション | 30以上 |
| 社会の理解 | 60以上 |
| 人間と社会に関する選択科目 | — |
| 介護 | 1,260 |
| 介護の基本 | 180 |
| コミュニケーション技術 | 60 |
| 生活支援技術 | 300 |
| 介護過程 | 150 |
| 介護総合演習 | 120 |
| 介護実習 | 450 |
| こころとからだのしくみ | 300 |
| 発達と老化の理解 | 60 |
| 認知症の理解 | 60 |
| 障害の理解 | 60 |
| こころとからだのしくみ | 120 |
| 医療的ケア | 50 |
| 合計 | 1,850 |

**福祉系高校ルート**

| 科目 | 単位数 | （参考）時間換算＊ |
|---|---|---|
| 人間と社会 | 8 | 280 |
| 社会福祉基礎 | 4 | 140 |
| 人間と社会に関する選択科目 | 4 | 140 |
| 介護 | 37 | 1,295 |
| 介護福祉基礎 | 5 | 175 |
| コミュニケーション技術 | 2 | 70 |
| 生活支援技術（医療的ケアを含む） | 10 | 350 |
| 介護過程 | 4 | 140 |
| 介護総合演習 | 3 | 105 |
| 介護実習 | 13 | 455 |
| こころとからだのしくみ | 8 | 280 |
| こころとからだの理解 | 8 | 280 |
| 医療的ケア | — | (50) |
| 合計 | 53 | 1,855 |

**実務経験ルート（実務者研修）**

| 教育内容 | 時間数 | （小計） |
|---|---|---|
| 人間と社会 | 40 | |
| 人間の尊厳と自立 | 5 | |
| 社会の理解Ⅰ | 5 | |
| 社会の理解Ⅱ | 30 | 35 |
| 介護 | 190 | |
| 介護の基本Ⅰ | 10 | |
| 介護の基本Ⅱ | 20 | 30 |
| コミュニケーション技術 | 20 | |
| 生活支援技術Ⅰ | 20 | |
| 生活支援技術Ⅱ | 30 | 50 |
| 介護過程Ⅰ | 20 | |
| 介護過程Ⅱ | 25 | |
| 介護過程Ⅲ（スクーリング） | 45 | 90 |
| こころとからだのしくみ | 170 | |
| 発達と老化の理解Ⅰ | 10 | |
| 発達と老化の理解Ⅱ | 20 | 30 |
| 認知症の理解Ⅰ | 10 | |
| 認知症の理解Ⅱ | 20 | 30 |
| 障害の理解Ⅰ | 10 | |
| 障害の理解Ⅱ | 20 | 30 |
| こころとからだのしくみⅠ | 20 | |
| こころとからだのしくみⅡ | 60 | 80 |
| 医療的ケア | 50 | |
| 合計 | 450 | |

＊1単位を35時間として換算

（出所：第7回社会保障審議会福祉部会福祉人材確保専門委員会「参考資料1介護福祉士の養成カリキュラム等について」をもとに筆者作成）

リキュラムは4つに大別されており、「人間と社会（240時間）」「介護（1,260時間）」「こころとからだのしくみ（300時間）」「医療的ケア（50時間）」に区分されている。それぞれのルートについては図4-2に、またカリキュラムについては表4-1に示す。なお、介護福祉士国家試験については、福祉系高校卒業者には義務づけられているが、養成施設ルート卒業者については、義務づけが延期となっている状況である。このことについては、介護人材確保政策の影響を大きく受けているところであり、介護福祉士資格の位置づけと現状について後述する。

## 1-2 実務者研修

　「社会福祉士及び介護福祉士法等の一部を改正する法律」（平成19年法律第125号）によって、介護福祉士試験の受験資格が改正され、2015年度国家試験から実務経験ルートで受験する者に対して、3年以上の実務経験と6か月以上の「実務者研修」の受講が求められることとなった。そのため、それまで実施されていた「介護職員基礎研修」と「ヘルパー1級課程」を廃止統合する形で「実務者研修（450時間）」の養成課程が設けられた。

　実務者研修の目的は、介護福祉士養成施設校で求められる1,800時間課程（現在は1,850時間）のうち、実務経験のみでは修得できない知識・技術を中心に習得することとされた。養成に係る科目と時間数は表4-2に示す。実務者研修の特徴は、修了することによって国家試験時の実技試験が免除されることや、過去に履修したヘルパー研修等の科目を読み替えて受講時間の短縮や受講費用の負担軽減ができること、また、通信教育の活用により就労しながら受講しやすいことなどがあげられる。受講者の時間的・経済的負担軽減を図り、より多くの修了者を養成しようとするものである（厚生労働省2011）。

　実務者研修の問題点として、研修の質の担保という点において懸念すべきところがある。授業方法における対面授業の時間数が「最低45時間以上」とされており（介護過程Ⅲ：ケーススタディ等による教育、医療的ケアのうちの演習）、極端に言えば450時間のうち、45時間以外はすべて通信教育にすることも可能なの

表4-2.　実務者研修の科目と時間数

| 領域 | 科目 | 時間 |
|---|---|---|
| 人間と社会 | 人間の尊厳と自律 | 5 |
| | 社会の理解 I | 5 |
| | 社会の理解 II | 30 |
| 介護 | 介護の基本 I | 10 |
| | 介護の基本 II | 20 |
| | コミュニケーション技術 | 20 |
| | 生活支援技術 I | 20 |
| | 生活支援技術 II | 30 |
| | 介護過程 I | 20 |
| | 介護過程 II | 25 |
| | 介護過程 III（スクーリング） | 45 |
| こころとからだのしくみ | 発達と老化の理解 I | 10 |
| | 発達と老化の理解 II | 20 |
| | 認知症の理解 I | 10 |
| | 認知症の理解 II | 20 |
| | 障害の理解 I | 10 |
| | 障害の理解 II | 20 |
| | こころとからだのしくみ I | 20 |
| | こころとからだのしくみ II | 60 |
| 医療的ケア | 医療的ケア（講義50時間とは別に演習あり） | 50 |
| 合計 | | 450 |

（出所：厚生労働省社会・援護局福祉基盤課　福祉人材確保対策室「実務者研修認定ガイドライン」をもとに筆者作成）

である（厚生労働省社会・援護局 2012）。介護職の研修に限らず、近年はインターネット通信による双方向授業や、動画視聴等を利用した学習方法が増えており、通信教育そのものを否定するものではない。重要なことは教育の質の担保と、求められる知識・技術の習得ができているかどうか適正な評価がされることである。研修の実施にはさまざまな事業主体が参入しており、たとえば、介護福祉士養成施設や、介護労働安定センター、社会福祉法人、民間企業などがあり、国民の福祉に直結する介護職員養成教育においても、公的性格が強い機関と営利目的の機関が混在している。実際に、研修実施主体によって対面授業の日数に差があり、どこで研修を受けるかによって修得レベルに違いが生じる可能性

があるが、現状の制度では適正に評価することはできない。

## 1-3　介護職員初任者研修

　介護職員初任者研修（初任者研修）は、それまでのヘルパー1〜3級養成課程、及び介護職員基礎研修を整理する形で2013年に創設された。「今後の介護人材養成の在り方に関する検討会報告書」（厚生労働省社会・援護局 2011）において、今後の介護人材のキャリアパスを簡素でわかりやすいものにするとともに、生涯働き続けることができるという展望を持てるようにする必要があるとの提言がなされたこと等を踏まえ、介護保険法規則の改正およびその他の規制が整備された[2]。

　研修の目的は、「介護に携わる者が、業務を遂行する上で最低限の知識・技術とそれを実践する際の考え方のプロセスを身につけ、基本的な介護業務を行うことができるようにすること」とされている（厚生労働省老健局振興課長 2017）。養成に係る科目と時間数は表4-3に示す。特徴としては、講義及び演

**表4-3.　介護職員初任者研修の科目と時間数**

| 区分 | 科目 | 時間数 |
|---|---|---|
| 講義及び演習 | 職務の理解 | 6 |
| | 介護における尊厳の保持・自立支援 | 9 |
| | 介護の基本 | 6 |
| | 介護・福祉サービスの理解と医療との連携 | 9 |
| | 介護におけるコミュニケーション技術 | 6 |
| | 老化の理解 | 6 |
| | 認知症の理解 | 6 |
| | 障害の理解 | 3 |
| | こころとからだのしくみと生活支援技術 | 75 |
| | 振り返り | 4 |
| 合計 | | 130 |

（出所：厚生労働省「介護保険法施行規則第二十二条の二十三第二項に規定する厚生労働大臣が定める基準」をもとに筆者作成）

---

2)　介護保険法施行規則（平成11年厚生労働省令第36号）の一部改正、介護保険法施行規則第22条の23第2項に規定する厚生労働大臣が定める基準（平成18年厚生労働省告示第219号）の全部改正及びその他所要の規定の整備が行われた（厚生労働省老健局振興課 2018）。

習（130時間）に加え、ヘルパー研修にはなかった修了試験による修了評価（1時間程度）が別途義務づけられていること、受講者の負担を軽減するために通信学習が認められていること、ヘルパー研修カリキュラムにあった介護施設等の見学や実習が必須ではなくなったことなどがあげられる。

　以下、介護職員初任者研修の問題点について述べる。まず、修了試験が全国統一的な内容ではないことがあげられる。修了試験は習得度を確認するという目的であり、受講者が一定の緊張感をもって授業に臨む姿勢を求めるために有効であろう。しかし、現状では、試験問題の作成およびその難易度が研修実施機関に任されているため、修了試験の結果をもって統一的な判断基準として用いることはできない。

　また、初任者研修130時間のうち、通信学習が「各科目ごとの上限を超えない範囲で最大合計40.5時間について実施することができる」とされていることである（厚生労働省老健局振興課長 2017）。初任者研修の目的が「業務を遂行する上で最低限の知識・技術」を習得するものとされていることを考えると、通信学習の時間や教育方法について、研修実施機関の裁量範囲が広く、質の担保という点において、前述した実務者研修同様の問題があると考える。介護職員初任者研修の実施機関は、都道府県または都道府県知事の指定を受けた者であり、実務者研修と同様にさまざまな実施主体が参入している。

　他にも、ヘルパー研修において義務づけられていた介護施設等の見学や実習が必須とされていないことがあげられる。旧ヘルパー研修においては、カリキュラムが「講義」・「演習」・「実習」という3本柱から成り、「実習」は、3級課程で見学8時間、2級課程で30時間（うち介護実習24時間、通所介護施設等の見学6時間）、1級課程で84時間（介護実習76時間、福祉事務所や保健所等の老人保健福祉に係る公的機関の見学8時間）設けられていた。ところが、初任者研修では、「『職務の理解』及び『振り返り』において、施設の見学等の実習を活用するほか、効果的な研修を行うため必要があると考えられる場合には、他のカリキュラムにおいても施設の見学等の実習を活用することも可能（厚生労働省老健局振興課長 2017）」という内容にとどまり、これについても研修実施機関の判断に任さ

れている。そのため、実習がない研修機関で学んだ場合、介護職員が働く様子や利用者の状況等を自分の目で見たり体験したりすることなく就業に至る。介護職と協働する看護職、社会福祉士、保育士、リハビリ職等の養成課程ではこのようなことはあり得ない。

　カリキュラム内容からみて、実務者研修が介護福祉士養成施設の講義・演習部分の代替的位置づけであり、介護職員初任者研修は、その下位のベーシックな教育課程とみることができる。したがって、初任者研修の教育内容は、介護福祉士以外の多くの介護職員が、基本的に習得しておくべき知識・技術・倫理観ということになる。上記の問題点を考えると、研修のあり方そのものが介護職を軽んじていると思わざるを得ない。また、それは、介護職員の資質の不安定さを招き、提供される介護サービスの質に影響を及ぼすことが考えられる。

## 1-4　生活援助従事者研修

　生活援助従事者研修は、初任者研修よりさらに短い研修期間で介護職員を養成するために2017年に創設されたものである。「平成30年度介護報酬改定に関する審議報告」（社会保障審議会介護給付費分科会2017）において、訪問介護員の養成については「訪問介護事業所における更なる人材確保の必要性を踏まえ、介護福祉士等は身体介護を中心に担うこととし、生活援助中心型については、人材の裾野を広げて担い手を確保しつつ、質を確保するため、現在の訪問介護員の要件である130時間以上の研修は求めないが、生活援助中心型のサービスに必要な知識等に対応した研修を修了した者が担うこととする」（下線は引用者）とされ、これを踏まえ、介護保険法施行規則が改正され、新たに生活援助従事者研修課程が設けられた。

　研修の目的は、「生活援助中心型のサービスに従事する者の裾野を広げるとともに、担い手の質を確保できるようにするため、生活援助中心型のサービスに従事する者に必要な知識等を習得すること」とされている（厚生労働省老健局振興課長2017）。生活援助従事者研修の科目と時間数は表4-4に示す。

**表4-4. 生活援助従事者研修の科目と時間数**

| 区分 | 科目 | 時間数 |
|---|---|---|
| 講義及び演習 | 職務の理解 | 2 |
| | 介護における尊厳の保持・自立支援 | 6 |
| | 介護の基本 | 4 |
| | 介護・福祉サービスの理解と医療との連携 | 3 |
| | 介護におけるコミュニケーション技術 | 6 |
| | 老化と認知症の理解 | 9 |
| | 障害の理解 | 3 |
| | こころとからだのしくみと生活支援技術 | 24 |
| | 振り返り | 2 |
| 合計 | | 59 |

（出所：厚生労働省「介護保険法施行規則第二十二条の二十三第二項に規定する厚生労働大臣が定める基準」
をもとに筆者作成）

　研修の特徴は、すべての科目において初任者研修をコンパクトにしたもの
であり、修了試験による修了評価（30分程度）が別途義務づけられていること、
受講者の負担を軽減するために通信学習が認められていること、介護施設等
の見学や実習が必須ではないことである。実施主体についても、初任者研修
と同じく、都道府県または都道府県知事の指定した者である。

　この研修の問題点は、訪問介護における身体介護は介護福祉士が中心に担
い、生活援助にはそれ以外の研修修了者が担うという考え方が示されている
ことである。ここには、生活援助には高い専門性を求めないという、現状の
介護人材確保政策の基本的な考え方が表れている。また、このような研修の
あり方は、介護現場の実情にそぐわない。生活援助従事者研修修了者は、訪
問介護事業所では身体介護に従事できないことになっているが、一方で、当
該研修修了者が介護施設で勤務する場合には、業務の明確な制限がない。こ
の背景には、施設では複数の介護職員が勤務しているため、職員の力量に見
合った業務分担をすることで勤務可能という考え方をしていることが推察で
きる。しかし、介護施設では、先に述べたとおり、事業所側が希望する人材
要件に合致する人材が不足している状況であり、必ずしも職員の力量に応じ
た業務分担ができるとは限らない。施設種別にもよるが、清掃や調理、洗濯

などは以前から介護職員以外のスタッフに分業されていることが多く、それ以外の介護において、ギリギリの人員配置の中でこのような短時間研修修了者を就業させるということは、生活援助従事者研修修了者が一人で身体介護にあたる状況が生まれることが容易に推測できる。それは、当該従事者の業務負担となるとともに、提供される介護サービスの質にも影響を及ぼす可能性がある。また、限られた人員配置の中に、専門性の低い職員が組み込まれることによるベテラン職員の業務負担の増加等が考えられる。

　また、受講者の負担を軽減し、受講を容易にする方策として、生活援助従事者研修の全59時間のうち、「科目ごとの上限時間を合計29時間の範囲内」で通信学習とすることができることも、他研修と同様の問題がある。わずか59時間のうちの約半分が通信学習で済ませられること、多様な研修実施主体が参入していることなど、研修受講者の質の確保及び利用者へのサービスの質保証の両面から不安がある。

## 1-5　入門的研修

　入門的研修は、生活援助従事者研修よりさらに短い研修期間で介護職員を養成するために2018年に創設されたものである。「介護人材に求められる機能の明確化とキャリアパスの実現に向けて」（社会保障審議会福祉部会 2017）では、介護人材のすそ野の拡大に向けて、介護未経験者が受講しやすい入門的研修の導入の必要性が提言されており、「この入門的研修の内容については、できるだけ基本的な内容とするとともに、介護未経験者が介護分野への参入の障壁となっていることを払拭できるような内容とすることが重要」と示されている[3]。

　研修の目的は、「これまで介護との関わりがなかった者など、介護未経験者が介護に関する基本的な知識を身につけるとともに、介護の業務に携わる上で知っておくべき基本的な技術を学ぶことができるよう研修を実施し、介護分野への参

---

3)　「介護人材に求められる機能の明確化とキャリアパスの実現に向けて」（平成29年10月4日、社会保障審議会福祉部会福祉人材確保専門委員会報告書）。

入のきっかけを作るとともに、介護の業務に携わる上での不安を払拭することにより、多様な人材の参入を促進するために行うもの」とされている（厚生労働省社会・援護局福祉基盤課・課長通知 2018）。入門研修の科目と時間数は表4-5に示す。

　主な研修対象者として想定されているのは、企業等で定年退職を予定している者や、中高年齢者、子育てが一段落した者などであるが、その他の地域住民や学生などにも幅広く研修を実施することも可能であるとしている。初任者研修、生活援助従事者研修と異なり、実施主体が都道府県及び市区町村、また、民間団体への委託実施も可能となっている。

　入門的研修の特徴は、「基礎講座（3時間）」と「入門講座（18時間）」の二段階に分けられていることで、それぞれ単独受講することも可能である。当該研修修了者は、生活援助従事者研修や初任者研修の過程が一部免除されることや、介護労働安定センターに登録することで介護事業所への就労支援が受けられるしくみになっている。

　この研修の問題点は、何よりも、3時間〜21時間という短時間の受講だけで施設介護に従事可能としていることである。研修の意義として、企業で働く人や中高生などに対して、介護職についての理解を深めてもらうということや、介護職に興味をもってもらうということについては有効であろう。しかし、実際にこの研修修了だけで就労可能とすることは、介護の質の担保とい

**表4-5．入門的研修の科目と時間数**

|  | 科目 | 時間 |
|---|---|---|
| 基礎講座 | 介護に関する基礎知識 | 1.5 |
|  | 介護の基本 | 1.5 |
| 合計 |  | 3 |
| 入門的講座 | 基本的な介護の方法 | 10 |
|  | 認知症の理解 | 4 |
|  | 障害の理解 | 2 |
|  | 介護における安全確保 | 2 |
| 合計 |  | 18 |
| 基礎講座及び入門的講座の合計 |  | 21 |

（出所：厚生労働省社会・援護局福祉基盤課長通知「介護に関する入門的研修の実施について」をもとに筆者作成）

う点において、前述した生活援助従事者研修よりもさらに不安要素が多い。

　なお、入門的研修修了者は訪問介護には従事できないとされている。それは、訪問介護が利用者の居宅において、非常に個別性の高い援助を求められるためであると考えられるが、そうであれば、生活援助従事者研修はわずか59時間でいいのか、21時間と59時間の研修で習得する内容にどれほどの違いがあるのかなどの疑問が生じる。

## 2節　国家資格としての介護福祉士の位置づけと現状

　介護人材の「すそ野」が拡大される一方、専門性の高い人材として介護福祉士が「富士山型」の頂上に位置づけられた。介護福祉士は、高い専門性とともに「すそ野」に位置する多様な人材をとりまとめるマネジメント力、リーダーシップを持つ中核的存在であると示された（社会保障審議会福祉部会 2015）。しかし、そのような高い専門性や技量を求められている介護福祉士の資格取得の方法については、現状との間に大きな乖離がある。それは、介護福祉士養成施設卒業者に国家試験受験が義務づけられていないことである。介護福祉士養成施設卒業者の質の向上を目的とした国家試験の義務化はこれまで4度にわたって延期され、いまだに実施されていない状況である。国家試験の義務化は、介護ニーズの多様化、高度化に対応できる質を担保し、社会的な信頼と評価を高める観点から2007年の法改正により、当初は2012年度から実施される予定であった（厚生労働省社会・援護局 2007）。しかし、その後、2015年度に延期、さらに2016年度からへ1年延期されたうえ、2017年度から2021年度修了者については経過措置が設けられるとともに、不合格者には「准介護福祉士」資格を付与するという案が示された（社会保障審議会福祉部会 2019a）。延期の理由は、資格取得を厳格化することで、介護現場の人材

不足に拍車がかかることが懸念されるため、人材確保の観点から延期を決定したとしている。さらに、2022年度からこれらが完全実施される予定であったが、これに対しても、医療的ケアなどの教育内容の追加、人材確保困難、外国人留学生の国家試験合格率の低さなどを理由として4度目の延期に至った。

　延期に賛成したのは、入学者の減少により経営が厳しい日本介護福祉士養成施設協会と、人材確保困難を訴える全国老人福祉施設協議会であった。介護福祉士養成施設の状況をみると、新卒者および離職者訓練生の入学が減少する一方で外国人留学生の増加が著しい。外国人留学生数は、2016年度の257人が、2020年度には2,395人と9.3倍の増加、入学者数の約3割を占めている（表4-6）。一方で、外国人留学生の国家試験合格率は低く、2018年度の第31回試験では3割以下であり（表4-7）、この合格率の低さが、介護福祉士国家試験義務づけの延

**表4-6.　介護福祉士養成施設への入学者数と外国人留学生の推移**

| 年度 | 2016 | 2017 | 2018 | 2019 | 2020 |
|---|---|---|---|---|---|
| 養成施設数（課程） | 401 | 396 | 386 | 375 | 347 |
| 入学定員数（人） | 16,704 | 15,891 | 15,506 | 14,387 | 13,619 |
| 入学者数（人） | 7,752 | 7,258 | 6,856 | 6,982 | 7,042 |
| うち新卒者等<br>（入学者数に占める割合） | 6,060<br>(78.2%) | 5,360<br>(73.9%) | 4,847<br>(70.7%) | 4,180<br>(59.9%) | 3,936<br>(55.9%) |
| うち離職者訓練受入数<br>（入学者数に占める割合） | 1,435<br>(18.5%) | 1,307<br>(18.0%) | 867<br>(12.6%) | 765<br>(11.0%) | 711<br>(10.0%) |
| うち外国人留学生数<br>（入学者数に占める割合） | 257<br>(3.3%) | 591<br>(8.1%) | 1,142<br>(16.7%) | 2,037<br>(29.1%) | 2,395<br>(34.0%) |
| 定員充足率(%)〔全体〕 | 46.4 | 45.7 | 44.2 | 48.5 | 51.7 |

（出所：日本介護福祉士養成施設協会「令和2年度介護福祉士養成施設の入学定員充足度状況に関する調査の結果について」をもとに筆者作成）

**表4-7.　介護福祉士国家試験における養成施設卒業生の合格率の状況**

|  | 2017年度第30回試験 | 2018年度第31回試験 |
|---|---|---|
| 日本人卒業見込者 | 89.1% | 90.9% |
| 外国人卒業見込者 | 41.4% | 27.4% |

（出所：第86回社会保障審議会介護保険部会「資料2　介護福祉士養成施設卒業生に対する国家試験の義務付けについて」をもとに筆者作成）

期に大きく影響を及ぼした。また、日本人入学者数の減少に伴い、養成施設数は年々減少しており、2016年に全国で434校あったものが、2020年には336校となり12年間で約24%減少している（表4-8）。なかでも、短期大学での養成廃止が顕著で、同12年間で40%減少、次いで、専修学校が20%減少している。

このような状況は、介護福祉士養成施設で教育を受けて国家資格を取得しようとする新卒者が激減し、その減少を外国人留学生で補わざるを得ない事態であることを示している。これは、年々高まる介護需要とは反比例する現象である。

2019年11月と12月の社会保障審議会福祉部会（第23回、24回）では、国家試験義務化延長が議題にあがり、日本介護福祉士会や福祉系高校、大学教員などから、これ以上の延期は、資格に対する社会的信用や価値の低下、資格取得を目指す学生の意欲低下、また、すでに資格を取得している多くの介護福祉士の誇りや意欲を削ぐこと、何より国家試験は、介護実践に必要な知識を、一定水準以上で担保するものであり、外国人の試験合格率が悪いことを理由にして受験義務を延長することは、介護サービスを受ける国民の視点に立って考えていないこと等、多くの反対意見があがった（社会保障審議会福祉部会 2019b、2019c）。しかし、結果的には、2020年6月、第201回国会で、さらなる延期が賛成多数で可決され、2027年度からの実施へと先送りされた（衆議院 2020）。前述の社会保障審議会福祉部会の議論では、「富士山型」の頂点を目指すモチベーションをどう維持するのか、「准介護福祉士」資格は国家試験不合格者の証明でしかない、人材確保と専門職の資質向上を切り離して考えるべきであるなどの厳しい意見が出されている。

**表4-8.養成施設数（学校数）の推移表**

| 年度 | 2008 | 2014 | 2015 | 2016 | 2017 | 2018 | 2019 | 2020 |
|---|---|---|---|---|---|---|---|---|
| 大学 | 63 | 60 | 57 | 59 | 59 | 60 | 60 | 59 |
| 短期大学 | 97 | 76 | 74 | 71 | 68 | 66 | 61 | 59 |
| 専修学校 | 271 | 239 | 243 | 245 | 243 | 237 | 238 | 217 |
| 高等学校専攻科 | 3 | 2 | 2 | 2 | 2 | 2 | 2 | 1 |
| 合計 | 434 | 377 | 376 | 377 | 372 | 365 | 361 | 336 |

（出所：日本介護福祉士養成施設協会「令和2年度介護福祉士養成施設の入学定員充足度状況に関する調査の結果について」をもとに筆者作成）

# 3節　認定介護福祉士制度

　国が定めた資格制度ではないが、日本介護福祉士会は2015年12月から「認定介護福祉士」の認証・認定制度を設け、養成研修を行っている。「日本介護福祉士会における介護職チームのあり方を踏まえた生涯研修体系」（図4-3）では、介護福祉士のキャリアアップの道筋について、「介護福祉士基本研修」「ファーストステップ研修」「認定介護福祉士養成研修」の3種類を「軸となる研修」とし、とりわけ「認定介護福祉士養成研修」は介護福祉分野における指導的な介護福祉士を養成するためのものとして研修体系の最上位に位置づけている。

　「認定介護福祉士養成研修」にはⅠ類とⅡ類があり計600時間のカリキュラム

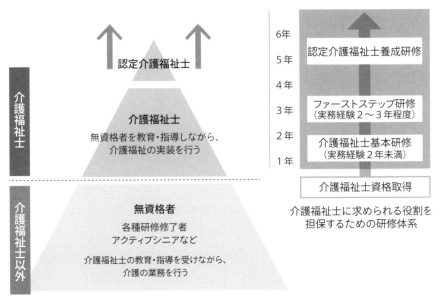

**図4-3. 日本介護福祉士会における介護職チームの在り方を踏まえた生涯研修体系**
（出所：日本介護福祉士会HP「生涯研修体系」をもとに筆者作成）

**表4-9. 認定介護福祉士養成研修の領域・科目・時間数**

| | 領域 | 科目名 | 時間数 |
|---|---|---|---|
| Ⅰ類 | 認定介護福祉士養成研修導入 | 認定介護福祉士概論 | 15 |
| | 医療に関する領域 | 疾患・障害等のある人への生活支援・連携Ⅰ | 30 |
| | | 疾患・障害等のある人への生活支援・連携Ⅱ | 30 |
| | リハビリテーションに関する領域 | 生活支援のための運動学 | 10 |
| | | 生活支援のためのリハビリテーションの知識 | 20 |
| | | 自立に向けた生活をするための支援の実践 | 30 |
| | 福祉用具と住環境に関する領域 | 福祉用具と住環境 | 30 |
| | 認知症に関する領域 | 認知症のある人への生活支援・連携 | 30 |
| | 心理・社会的支援の領域 | 心理的支援の知識技術 | 30 |
| | | 地域生活の継続と家族支援 | 30 |
| | 生活支援・介護過程に関する領域 | 認定介護福祉士としての介護実践の視点 | 30 |
| | | 個別介護計画作成と記録の演習 | 30 |
| | | 自職場事例を用いた演習 | 30 |
| | 合計 | | 345 |
| Ⅱ類 | 医療に関する領域 | 疾患・障害等のある人への生活支援・連携Ⅲ | 30 |
| | 心理・社会的支援の領域 | 地域に対するプログラムの企画 | 30 |
| | マネジメントに関する領域 | 介護サービスの特性と求められるリーダーシップ、人的資源の管理 | 15 |
| | | チームマネジメント | 30 |
| | | 介護業務の標準化と質の管理 | 30 |
| | | 法令理解と組織運営 | 15 |
| | | 介護分野の人材育成と学習支援 | 15 |
| | 自立に向けた介護実践の指導領域 | 応用的生活支援の展開と指導 | 60 |
| | | 地域における介護実践の展開 | 30 |
| | 合計 | | 255 |
| | 総合計（Ⅰ類およびⅡ類） | | 600 |

（出所：認定介護福祉士認証・認定機構「認定介護福祉士養成研修　カリキュラム」をもとに筆者作成）

となっている。カリキュラム内容は表4-9に示すとおりである（認定介護福祉士認証・認定機構 2021）。

　Ⅰ類は345時間で、カリキュラムの内容は、①介護福祉士養成課程では学ばない新たな知識（医療、リハビリ、福祉用具と住環境、認知症、心理・社会的支援等）

を修得し、他職種との連携・協働を含めた認定介護福祉士としての十分な介護実践力を完成させる、②利用者の尊厳の保持や自立支援等における考え方にたった介護過程の展開を、介護職の小チーム（ユニット等、5～10名の介護職によるサービス提供チーム）のリーダーに対して指導するために必要な知識を獲得するものとされている。受講要件は、介護福祉士資格取得後5年以上の実務経験を有すること、介護職員対象の現任研修を100時間以上受講していること、研修実施団体の課すレポート課題または受講試験において一定の水準の成績を修めていること（免除の場合有）などが求められる。

　Ⅱ類は255時間で、Ⅰ類で学んだ知識をもって、①根拠に基づく自立に向けた介護実践の指導をする力の獲得、②認定介護福祉士に必要な指導力や判断力、考える力、根拠をつくりだす力、創意工夫する力等の基本的知識に基づいた応用力の養成、③サービス管理に必要なツールを整理、改善し、それらから根拠を導きだし、その根拠に基づいた指導をする力の獲得、④生活支援の視点から、地域の介護力を高める力の獲得、⑤介護サービスという特性のもと、チーム運営、サービス管理、人材育成等について必要な専門的な理論に基づき、チーム、サービス、人材マネジメントを実践し、利用者を中心とした地域づくり（地域マネジメント）に展開できる力の獲得、を目的としている。養成研修修了者は、一般社団法人認定介護福祉士認証・認定機構に届け出ることで「認定介護福祉士」と認められ、5年ごとの更新が義務づけられている。

　上記のように、「認定介護福祉士養成研修」は、介護福祉士資格取得後も継続的な教育機会を提供することで資質の向上を図り、社会的要請に応えていくことを目指しているものであるが、認定介護福祉士の資格を持つ者はまだ非常に少ない。2022年3月末日時点の人数は58名であり、日本介護福祉士会の会員数43,124名（日本介護福祉士会 2022）に占める割合はわずか0.13%である（認定介護福祉士認証・認定機構HP 2022）。この少なさの要因としては、認定制度自体が2015年に始まった新しいものであること、また、厳しい人材不足にある介護現場において、全カリキュラムを働きながら受講することが極めて難しいことなどが推察される。

# 4節　介護職の職能団体の状況

　本節では、資格制度に関連して介護職の職能団体について触れる。まず、国家資格者である日本介護福祉士会の創設の経緯、組織の特徴と課題について述べる。次に、有資格者団体ではないが、その他、伝統的なヘルパーの職能団体、介護保険制度に対する危機感から発足した自主的研究団体についても言及する。

## 4-1　日本介護福祉士会の創設の経緯

　日本介護福祉士会の設立は、介護福祉士資格制度の創設から7年後の1994年である。当初は21府県の介護福祉士会と、設立準備中の3県によって発足した。それ以前は、県あるいは市のレベルの介護福祉士会が各々で活動していたが、厚生省の支援によって全国組織化された経緯がある（田中 1997）。当時の各県の介護福祉士会の活動内容は、地域の事情によって違いはあったが、各種研修の企画・実施、定例会の開催、会報の発行、関係機関への働きかけなどさまざまであった。各地の介護福祉士会に共通していたことは、自信を持って専門職であると言えるように、知識・技術を高めたいという強い思いがあり、そのためには、会員同士が互いに手をつなぎ、学びあい、語りあい、協力し合える場が必要という考えに基づいて活動していたことである。また、所属長、施設長等をはじめ、県社協、県行政などに対しても自分たちの会を理解してもらえるように、地域ごとにさまざまな方法で努力を重ねていたことも記録されている（仮称「日本介護福祉士会」設立準備会 1993）。1993年当時の介護福祉士登録者における会員加入率は、新潟市介護福祉士会が約30%、福岡県介護福祉士会が37.5%、香川県介護福祉士会では約70%と非常に高く（丸山 1993）、当時の介護福祉士が、国家資格を取得していることに誇りと期待を持

ち、その価値をさらに高めるために団結して活動しようとしていたことがうかがえる。

　各地の介護福祉士会の設立と活動内容は、介護サービスの質を確保したいという厚生省の意図に沿うものであり、現場職員が不慣れな規約づくりや財務関係などの運営上のノウハウを厚生省が支援した。職能団体としての倫理綱領についても、会の発足翌年の1995年に外部有識者の協力を得て策定した。このような過程を経て、日本介護福祉士会は、資質向上のための研修の実践、介護技術・業務の研究・調査など、運営および財政面でも国の補助を受けながら活動を続けてきた経緯があり、おのずと国が示す方向性に沿って活動することとなったものと思われる。

## 4-2 日本介護福祉士会の特徴と課題

　介護福祉士の専門性の向上や社会的地位の向上を阻害する問題として、介護保険制度創設後の常勤換算方式の導入による人員配置、生活支援を軽視し身体介護に偏重した介護報酬改定、度重なる介護福祉士国家試験義務づけの延期、そして何よりも、富士山型の人材確保施策に顕著なように、介護福祉士資格を持っていなくても介護職として従事できる段階的な養成制度などがあげられる。これらは、介護福祉士だけでなく介護職全体の専門性あり方を大きく左右するものでもある。このような多くの問題に対して、日本介護福祉士会は制度改正のたびに意見や要望書などを出してはいるものの、基本的には厚生労働省の示す政策を容認せざるを得ない状況が続いてきた。

　そのような中、段階的な介護職養成制度において、介護福祉士資格を他のヘルパー資格などとは別格のものとして切り分けたうえで、介護福祉士資格取得者の発展に注力してきた。これは職能団体としては当然と言えるが、ここでネックになるのは、介護福祉士が名称独占資格であることの限界である。医師や看護師等の職能集団が業務独占資格に基づいて職種全体を牽引する集団であることに対して、介護福祉士は名称独占資格であるがゆえに介護職全体を牽

引する集団になりきれない[4]。加えて、介護福祉士資格取得者における日本介護福祉士会の組織率も非常に低い状況となっている。2022年3月時点の組織率は2.37%[5]である（前年度2.42%）。介護福祉士登録者数は、前年度より約6万4,000人増加しているものの、組織率は低い状態が続いている。現状の組織率は、全国組織として設立する以前の県や市レベルで運営していた時代と比較すると著しい低下である。日本介護福祉士会の入会率の低さについて考察した研究（石川高司ら2021）では、「介護福祉士会に入会したいと思うか」という質問に「どちらともいえない（わからない）」・「興味がない」と回答した者の理由は、上位から「会費が高い」14.7%、「活動内容が不明」14.1%、「育児・家事・介護が忙しい」11.8%、「研修に参加できそうにない」9.4%となっており、会費の負担や、介護福祉士会の活動の認知度の低さなどが指摘されている。職能団体の規模が小さいということは、政策主体や社会に対して十分な発言力を持たないということである。そのことは、職能集団として介護福祉士の専門性の認知、社会的地位の向上、労働条件の改善といった役割を果たすことを困難とさせ、団体の存在意義を危うくするものである。組織率の低さについて、日本介護福祉士会（2015）は、「介護人材における代弁者としての役割が果たせず、また社会への発信も弱いものであることは否めない」とし、「組織力の強化と社会への発信力の強化を図っていくことが重要である」と述べているが、求められていることは、現状の制度・政策において、介護職員が利用者の生命と生活を支える専門性の高い職業として認められ、それが介護職員に求められているか、また、それを習得できるしくみがあるか、専門性を発揮できる労働条件や教育研修制度が整っているかといったことを、政策主体に対して強く要求していく姿勢であろう。介護福祉士が介護職の中核的な立場であるならば、現状の人材確保政策のあり方の問題点を明確に指摘し、介護職養成のあり方の見直しを訴えること、

---

4)　2016年時点で、介護職に占める介護福祉士の割合は約4割、国家資格を持っていない者は6割を占めている（厚生労働省老健局老人保健課2019）。
5)　2022年3月時点で、介護福祉士登録者数が1,819,097人（社会福祉振興・試験センター2022）、日本介護福祉士会会員数は約43,124人（日本介護福祉士会2022）である。

そして、資格の枠を超えて、介護職全体を包含する形で、真に質・量ともに安定した人材確保ができるように積極的に働きかけていくことが重要である。そのことが日本介護福祉士会の価値を多くの介護職員および社会に伝えるための第一歩となると考える。

## 4-3 ホームヘルパーの職能団体について

### （1）代表的なホームヘルパーの職能団体

　日本介護福祉士会以外の職能団体としては、歴史のあるホームヘルパーの2つの団体があげられる。1つは、日本ホームヘルパー協会、もう1つは全国ホームヘルパー協議会である。

　日本ホームヘルパー協会は、ホームヘルパーの職能集団として、1972年に日本家庭奉仕員協会として設立された。発足当初から、訪問介護の質の向上と社会的評価を高めることを目的として活動してきた。1982年には「ヘルパー憲章」が制定され、制度のさまざまな変遷等を経ても変わらぬ、訪問介護員の基本的態度と姿勢を示している（日本ホームヘルパー協会 2021）。同協会は、老人福祉開発センター（現・長寿社会開発センター、以前は厚生労働省老健局が所管）が所管する形で設立されたものである。嶋田芳男（2015）によると、1970年代初頭から老人福祉開発センター等によって、家庭奉仕員地方研修、初任者研修、家庭奉仕員中央研修会、家庭奉仕員ブロック研修[6]、海外研修が行われ、1979年からは新たな研修事業として家庭奉仕員事例研究会も行われるようになり、これらを日本家庭奉仕員協会が事業の一部を継承あるいは共同で実施する形となったことが報告されている。現在、同協会は全国に16の県支部があり、主な活動として、機関誌の発行、研修会などの開催、書籍の発行、訪問介護に関する調査研究、資質向上や処遇改善などについての国への提言、訪問介護に関する情報発信等を行っている。

---

6)　家庭奉仕員ブロック研修は、日本小型自動車振興会の助成を受けて実施していた。

　他方、全国ホームヘルパー協議会は、ホームヘルプ事業の発展向上を期するために、全国的連絡調整をおこなうとともに、事業に関する調査、研究協議を行い、かつ、その実践をはかることを目的としたホームヘルパー自身の組織で、1980年に結成された。また、2004年にはホームヘルプサービスの専門性を確認するために倫理綱領が定められた（全国ホームヘルパー協議会2021）。同協議会は、全国社会福祉協議会の所管のもと設立された組織であり、現在も事務局は全国社会福祉協議会地域福祉支部が担っている。現在、同協議会は全国21府県のホームヘルパー（連絡）協議会（部会）によって構成されており、主な活動は、ホームヘルプサービスの水準の向上、介護保険制度・障害者総合支援法の動向に対応した職能団体としての提言活動、ホームヘルパーの資質向上のための研修の充実強化、ヘルパーネットワーク、ホームページなどによる情報提供の強化の4点である。

　第1章で述べたように、老人家庭奉仕員制度が制度化された当時のホームヘルパーは、老人介護に関する予備知識や教育制度もない状態で就業し、家事援助・介護実践に携わる中で専門的知識の必要性に気づき、自らその専門性向上に向けて要求をするようになった経緯がある。上記2つの団体はそのような背景の中から発足し、公的なホームヘルパー研修会実施の事業委託を受けるなど積極的に活動してきた。

　これらの団体の特徴と課題は以下のとおりである。両団体は、会員の保有資格ではなく、ホームヘルパーという業種に携わる者の団体であるため、介護福祉士資格を持つ者やその他の養成研修修了者などさまざまな会員が所属していることが特徴である。

　また、2つのホームヘルパー職能団体は、倫理綱領も事業内容ほぼ同様の活動を行っているにもかかわらず、団体を所管する組織が違うことから現在まで統一されることなく運営されている。特に、介護保険制度施行以来、介護報酬改定に対して、処遇改善要求や制度のあり方の見直しなどについて、両団体がほ

ぼ同様の意見や提言を別々に出してきた経緯がある[7]。このような活動のあり方は、両団体の組織規模からも効果的とは言えない。利用者へのより良い介護サービスの提供と、会員であるホームヘルパーの労働者としての処遇を真に改善するためには、組織の垣根を超えた他団体との連携と協力による活動、もしくは組織の統一を図ることがその発言力を高めていくことにつながるものと考える。

### （2）介護保険制度への危機感から生まれた自主的研究団体

　上記以外の、専門性向上や処遇改善および利用者の権利保障などを訴える自主的研究団体として以下の組織の活動について触れる。

　まず、介護保険制度に対する危機感から発足した団体として「ホームヘルパー全国連絡会」がある。設立は2001年4月で介護保険法が施行された翌年である。設立趣意として同団体HPには、介護保険制度によって急激に労働環境が変化したのはホームヘルプサービスの分野であるとし、訪問介護という名称で、ケアプランに沿った、他のサービスとの共同作業が求められるようになったが、その一方で、労働条件の悪化や、専門職としての位置づけに逆行するような事態が生じていることを訴えている。そのために、ホームヘルパー同士で交流し、一致できることから声をあげ、ひとりで悩んでいるヘルパーをなくしていくために、労働組合やさまざまな団体などの枠にとらわれない、純粋にホームヘルパーとしての職業を基本とした交流組織として活動していくことが示されている（ホームヘルパー全国連絡会 2001）。同連絡会の活動内容としては、学習会・交流会、会報の発行、調査研究活動、政策に対する要求・意見書の提出などを行っている。

---

7)　2022年10月21日、厚生労働省の介護保険部会で見直しが議論されている軽度者への生活援助サービス等に関する検討事項（要介護1、2の方への訪問介護を総合事業に移行する）については2つのホームヘルパー団体を含む関係8団体（全国老人福祉施設協議会、全国老人保健施設協会、日本認知症グループホーム協会、日本介護支援専門員協会、日本介護福祉士会、日本ホームヘルパー協会、全国ホームヘルパー協議会、全国社会福祉法人経営者協議会）の連名で、要介護者に対して自立支援に向けた適切な専門的サービスが提供できない等の理由で「反対」の要望書が提出された（「軽度者への生活援助サービス等に関する在り方について（要望）」）。

# 5節　本章のまとめ

　ここまで、介護職の資格制度の概要と現状について見てきた。実務者研修、初任者研修は、多様な資格取得ルートを整理統合してわかりやすくするために設けられたはずだった。しかし、さらなる下層の養成教育としての生活援助従事者研修や入門的研修が創設され、介護職の資格制度は、極めて階層的、かつ簡略化を図って介護職の量的確保を優先したものへと変容している。また、養成研修の実施主体の規制緩和や統一性に欠ける学習方法や評価方法なども相まって、養成教育による介護職全体の質の確保は極めて厳しい状況にある。

　上記以外の新たな動きとして、2021年度の介護報酬改定で、訪問介護等を除く介護現場で働く無資格の者に対して、認知症対応力を向上させるため「認知症介護基礎研修」受講が義務づけられた[8]（社会保障審議会介護給付費分科会2021）。しかし、その研修時間は、6時間（講義3時間、演習3時間）のみであり、根本的な問題解決には程遠いものである。しかも、前述した入門研修（3～21時間）との整合性や上下関係も不明である。介護職員の質の確保は、本人の意欲や働き方、およびその職員が従事する事業所での現場教育に委ねられたまま介護実践にあたることに変わりはない。

　近年の介護職の資格制度は、量的確保を主眼とする人材確保政策の中に人材育成が取り込まれてしまい、介護職の専門性を高めるためのものとして機能しているとは言い難い。より短時間で簡素な養成研修の創設によって、「誰でも」「気軽に」「早く」養成しようという政策の中で、前章で明確にした介護福祉学の体系の中で学べる範囲はごく一部に限られる。段階的に上位研修で学べるしくみはあっても、そうするかどうかは、本人の働き方や意欲に任

---

8)　3年間の猶予措置期間が設けられている。

せられている。現状の厳しい人手不足の現場では、就職すればすぐに一働き手として利用者の介護にあたることになる。知識、根拠に基づいた技術、仕事の価値や責任を十分認識できない状態で業務にあたれば、介護職の質の担保は非常に困難なものとなる。職場でのOJTやキャリアアップのしくみづくりといった事業者側の努力はもちろん必要だが、それを担うためにはやはり優れた人材が必要である。結局は昔ながらの、その人の人柄や努力に頼った仕事となりかねず、介護職の専門性の実現を求めることは難しいだろう。労働者人口が減少する中で、幅広い人材が介護業界に入ることが問題なのではなく、超えなければならないハードルをあまりにも下げすぎていることが問題である。ともに働く医療・保健分野の職種が、労働者不足を理由に人材育成のハードルを下げることはない。

　介護実践によって目指すべき目的は普遍的なものである。意欲の異なる者の意欲を一定以上のレベルに向上させるのが養成教育であろう。介護職によって提供される技術は、１回限り、一人ひとりの利用者のその時、その状況に適したものでなければならない。１回限りのその人にあった優れた技術を生み出すためには、基礎的な技術訓練の繰り返しが必要である。そこに介護職養成の中で培うべき重要な事柄がある。介護労働者を段階的に区別し、到達点を本人や事業所任せにする現在の養成制度は、介護職の専門性の構築を困難にさせているとも言えよう。また、近年は、認知症や医療依存度が高い利用者が増加しており、従来医療分野が担っていたことが、介護分野に移行されている面が大きい。そのため、介護職が担う職務範囲は広がり、そのための養成教育はより学際的であることが求められるはずである。しかし、現状の介護人材養成制度は、それとは反対の方向にシフトしており、このことは介護職の専門性が軽視されているということであり、介護サービスを利用する国民を軽視していることにもつながる。

　それは、介護福祉士養成施設卒業者の国家試験義務化の度重なる延期についても同様のことが言える。国家試験合格は、養成施設卒業生にとって専門教育を受けライセンスを取得した誇りであり、他職種と肩を並べて働く自信

となるものである。国家試験の受験義務化の延長は、国家資格を取得しているということが、真に専門的な援助活動として認められるように努力している多くの実践者、教育者を失望させることである。また、国家資格の価値や社会的信用を低下させることにつながり、介護福祉士養成施設への入学を志す若者のさらなる減少につながることが危惧される。

　また、職能団体については、介護職員全体をまとめる職能団体が存在しないこと、各組織の成り立ちの違いから個別に活動していること、組織率が低いことなどから結果的に発言力が弱くなり、役割が十分果たせているとは言い難い状況である。

　国家資格者の団体である日本介護福祉士会については、現状の制度・政策において、介護職員が利用者の生命と生活を支える専門性の高い職業として認められ、それが介護職員に求められているか、また、それを習得できるしくみがあるか、専門性を発揮できる労働条件や教育研修制度が整っているかといったことを、政策側に対して強く要求していく姿勢が必要である。また、介護福祉士が介護職の中核的な立場であるならば、現状の人材確保政策のあり方の問題点を明確に指摘し、介護職養成のあり方の見直しを訴えること、そして、資格の枠を超えて、介護職全体を包含する形で、真に質・量ともに安定した人材確保ができるように積極的に運動していくことが重要である。そのことが日本介護福祉士会の価値を多くの介護職員および社会に認められるようにするための第一歩になると考える。ホームヘルパーの職能団体についても、訪問介護におけるホームヘルパーの厳しい人材不足や労働条件を克服していくためには、組織の垣根を越えた協力体制または統合を図るなどして、発言力を強化していくことが重要であると考える。

# 第 **5** 章

## 介護職の権限

　本章では、介護職の権限に着目し、その職務を行いうる範囲等に関する現状と課題について、資格法による他職種との比較や職種間の位置づけ、また、介護保険制度の影響という2つの視点から考察する。まず、1節では介護職の隣接職種である看護職との比較において、資格法に定められた業務範囲の同質性について論じる。2節では、1節に続き看護職との比較において、社会保障・社会福祉制度の枠組みからみた業務範囲の違いについて論じる。3節では、介護職に多種の資格が存在することに起因する他職種との関係性の問題や、介護保険制度が介護職の裁量権に及ぼした影響について論じる。4節では、2011年から介護職の業務範囲に導入された「医療的ケア」における介護職の権限について検討する。さらに、5節では、近年検討が進められている医療・介護・福祉の専門資格の共通基礎課程の考え方の導入と地域包括ケアシステムの影響にも触れる。

# 1節　資格法にみる介護職と看護職の同質性

　介護職と看護職それぞれの権限を示すものとして、資格制度を定めた法律を見る。介護職に関しては国家資格である介護福祉士資格に着目する。法的に定められている介護福祉士と看護師の業務内容をみると、介護福祉は、「社会福祉士及び介護福祉士法」により「介護福祉士の名称を用いて、専門的知識及び技術をもって、身体上又は精神上の障害があることにより日常生活を営むのに支障がある者につき心身の状況に応じた介護（喀痰吸引その他のその者が日常生活を営むのに必要な行為であって、医師の指示の下に行われるもの（厚生労働省令で定める者に限る。以下「喀痰吸引等」という）を含む）を行い、並びにその者及びその介護者に対して介護に関する指導を行うこと（以下「介護等」という。）を業とする者

をいう[1]」と定められた名称独占資格である（下線は引用者）。一方、看護師は、「保健師助産師看護師法」により「傷病者若しくはじよく婦に対する療養上の世話又は診療の補助を行うことを業とする者」と定められた業務独占資格である（下線は引用者）。介護職と看護職は、高齢者や障害者といった援助対象や、援助内容において重なる部分が多い。このことは、介護福祉士国家資格創設の際にも、その線引きが困難とされた部分であり第2章でも触れたが、ここでは両職種の資格法に定められた援助の対象と業務範囲について掘り下げる。

## 1-1 援助の対象と業務範囲

まず、援助の対象について見ると、看護師における「傷病者に対する療養上の世話」と、介護福祉士における「身体上又は精神上の障害があることにより日常生活を営むのに支障がある者」に対する「心身の状況に応じた介護」という部分に両職種の同質性が認められる。特に高齢者では、疾病が慢性的な経過をたどることや、複数の疾病を合併していること等から、療養の場が居宅や施設に変わっても継続的なケアが必要な場合が多い。特に近年では、重度の要介護者や医療依存度の高い人が医療機関を退院し、高齢者施設や在宅で生活するケースが増加しており、そのケアは、看護における「療養上の世話」であり、介護における「心身の状況に応じた介護」でもあり、両者の業務には重複するところが多い。

## 1-2 看護師の業務範囲と現状

看護師の業務範囲は「診療の補助」と「療養上の世話」の2つに分けられる。

---

1）「喀痰吸引等」については、「介護サービスの基盤強化のための介護保険法等の一部を改正する法律」が2011年6月22日に公布され、一部が改正された。介護福祉士の業の中に「喀痰吸引等」が位置づけられるとともに、「介護福祉士は、保健師助産師看護師法の規定にかかわらず、診療の補助として喀痰吸引等を行うことを業とすることができるものとする」ことが定められた（厚生労働省社会・援護局 2011a）.

「診療の補助」については、医師が行う医業の補助であり、医師の指示に基づいて行われる行為が中心となる。したがって、本来、看護師が独自の判断で自律性を発揮できる業務は「療養上の世話」である。しかし、第二次世界大戦以降、医療の高度化や高齢者人口の増加に伴う慢性的な看護師不足により、看護師は「診療の補助」にあたる時間が多くなり、「療養上の世話」は付添婦などに委ねられる時代が長く続いた。1994年の健康保険法改正によって付添婦は段階的に廃止されたが、資格を持たない看護補助者（看護助手や補助看等と呼ばれる者）が看護の人員配置基準の中に認められ、医療機関における看護師不足を補うこととなった。看護補助者が行う業務には、入院患者の食事介助や清潔援助、排泄介助、ベッドメーキングなどが含まれ、事実上「療養上の世話」を担っている。しかし、厚生労働省通知では、看護補助者の業務範囲と内容について、「看護師長及び看護職員の指導の下に、原則として療養<u>生活</u>上の世話（食事、清潔、排泄、入浴、移動等）、病室内の環境整備やベッドメーキングのほか、病棟内において、看護用品及び消耗品の整理整頓、看護職員が行う書類・伝票の整理及び作成の代行、診療録の準備等の業務を行うこととする」（厚生労働省保険局 2020）と示されている（下線は筆者）。

　この状況は、看護補助者の業務を「看護職の指示の下」とすることで、立場を看護職の下の階層に置き、看護業務を安価に担わせているものと見ることができる。さらに、「療養<u>生活</u>上の世話」として（「療養上の世話」に「生活」という文言を入れ込んで）看護師の独占業務と区別していることには、実態との矛盾がある。

## 1-3 高齢者施設における介護と看護の同質性

　高齢者ケアの分野の中でも、特別養護老人ホームにおける職員配置において、介護職と看護職の同質性を見ることができる。1963年の老人福祉法の制定とともに創設された特別養護老人ホームは、それまでの養老施設の対象者であった生活困窮者だけでなく、対象をすべての高齢者とし、かつ医学的管理が必要な高齢者の施設へと転換したものである。老人福祉法施行前年の

1962年、昭和37年度版厚生白書の「老人の福祉」の項には、特別養護老人ホームを想定した以下のような記述がある。

　養老施設収容者のうちには、精神上または身体上著しい欠陥があるため、常時介護を要する状態にある者が37年5月現在で約7,500人（全収容者の18%）いるが、これらの者を一般の者と分離して収容し、医学的管理のもとに適切な処遇を行なうことが、老人の健康の保持と施設管理の合理化の面から強く要請されるところである。また、生活保護階層でない老人のうちにも以上と同様の状態にあるものが約3万人程度あるものと見込まれ、これらは家庭内において必ずしも適切な看護を受けているとは限らないので、これらの者をも合せて収容する施設として諸外国にその例をみるナーシングホーム（看護施設）を計画的に設置してゆくことを考えなければならない（下線は引用者）（厚生白書1962）。

この記述から、特別養護老人ホームにおける入居者は、医学的管理が必要な者であり、その世話イコール看護であり、その職務には看護職があたることが想定されていたことがわかる。しかし、結果的には慢性的な看護職員の不足により実現困難であり、それまで養老施設で入居者の世話にあたっていた寮母が「介護職」としてその役割を担うこととなった経緯がある。金井は、「看護」が傷病者を主な対象としながら、病院という医療現場を中心として発展してきたことに対して、「介護」はまさに人間の生活の自立を助ける機能として、医療現場以外の主に社会福祉分野の中で育てられ、発展してきていることが特徴であると述べたうえで、看護と介護の同質性について以下のように指摘している。

　「看護」が長年病院のなかで、生活援助行為として「介護」と同質の実践を蓄積してきている事実があるにもかかわらず、それが医療現場で看護師によって行われていれば、その行為を「介護」と呼ばずに「看護」と呼ぶ。つまり、「介護」と「看護」は行為の性質は同じでありながら、単語が違う

ように、育てられた場所や行為を行う場の違いによって、相互に異なる実践として位置づけられている（金井 1998:176）。

　以上のように、「療養上の世話」という側面から見た「看護」と「介護」は非常に同質性が高い行為であるということが言える。そのことに加えて、老人福祉法制定以降の救貧対策から脱却した高齢者施設においては、利用者の重度化や医学的管理の必要が高い者の増加に伴い、身体的なケアに重点が置かれることとなった。介護職に求められる業務と看護業務の同質性がさらに高まっていったことがわかる。そのことにより、介護職は、「医療」とは異なる「社会福祉」の立場に居ながら、看護職の補助的または代替的な位置づけでもあった。身体介護を重視する今日の介護保険制度にも見られるように、介護職は、利用者の抱える生活問題に視点を置き、その「生活を支える」という社会福祉本来の側面が弱められていったものと考える。

## 2節　社会保障・社会福祉制度の枠組みから見た業務範囲の違い

　介護職と看護職の同質性については多くの議論がなされてきたが、ここでは、両職種の同質性を主張する代表的な論者の主張をもとに、介護職と看護職の業務範囲の違いについて、考察する。

　第2章で、介護福祉士資格創設にあたって、日本看護協会が猛反対する立場をとったことについて述べた。日本看護協会は、最終的には「増大する老人障害者の介護需要に対応するために新職種が誕生した」ことはやむを得ないと認めた一方で、あくまでも「介護は看護の一部」というスタンスを変えず、介護職と協力関係をとりながらも、看護職がリーダーシップをとり、介護福祉士は看護職

の指示のもとに業務を行うべき（日本看護協会 1987a・b）という考えを示して折り合いをつけた（第2章）。当時は、あたかも看護職の領地を介護職によって侵害されるかのような争いの議論が主流であったが、日本看護協会と異なる立場から、看護と介護は同じであり、両職種を統合すべきであると主張した高木和美に注目する。高木は社会福祉協議会職員としての実務経験を持つ研究者であり看護職ではない。高木は、「看護（nursing）は、日本の公的医療保険制度でカバーされている治療に偏った『狭い意味の医療労働』ではない。医療労働には看護労働が含まれるが、医療労働の範囲イコール現行の保健医療制度による給付範囲ではない[2]」ということを前提に以下のように述べている。

　　看護労働については、社会・生活問題対策の一環である社会福祉サービスの生産のためにも必要とされている。ただ社会福祉は、社会保障制度構造上、最終的な位置にあり、したがって内容は最低限のものにならざるをえず、看護需要を政策的に介護需要と言い換えて、看護婦（士）よりもコストのかからない無資格職員が配置され続けてきたのである。（中略）介護は、看護と分けて捉えることのできない人間に対する連続的な生活面での総合的科学的な世話である。また、その『世話』に関連する二次的な取り組みを含む。（中略）「介護」という言葉は、政策的に利用されたきらいがある（高木 1998:12-20）。

この主張は、看護をnursingとして幅広い概念で捉えていることが特徴で、かつ、1980年代以降の医療費抑制政策の流れの中で、看護職の人員配置を減らすために「療養上の世話」を介護職に移行し、看護職は医師の「診療の補助」という狭い枠組みに追いやられたと主張したものである。高木の主張は、現状の介護人材確保政策における介護職員の階層的な養成システムや、介護

---

2)　高木は、日本の看護の担い手を「保健婦」「助産婦」「看護婦」「准看護婦」「養護教諭」「介護福祉士」「保母」「看護補助者」「無資格の寮母」「ホームヘルパー」であるとし、分断された不合理な構造であると述べている。また、「保健師助産師看護師法」と「社会福祉士及び介護福祉士法」を統合した資格制度の試案を示している。（高木1998: 262-263）

保険事業所における介護職員の曖昧な配置基準の問題にも通じる。高齢者人口の増加による医療費増大を抑制する政策によって、高齢者ケアは「施設から在宅へ」、「看護職から介護職へ」転換が図られる中、介護職と看護職という関係性だけでなく、介護職の中でも多種の資格者を短期間で養成し、低賃金の労働者として位置づけている現状と重なるところがある。

　一方で、在宅介護を担ってきたホームヘルパーについては、第 1 章で述べたように独自の発展の経緯があり、高木の主張がすべてあてはまるとは言えない。小川 (1998:97) は、ホームヘルプが重視しているのは、「生活後退」という現象、すなわち、「在宅生活者の衣・食・住を中心とした基本的な生活の局面で現れる生活内容の貧困化・悪化および自律性の後退」という日常生活の困難な現象であると述べている。「生活後退」は、本人の ADL だけで解明できるものではなく、その背景には、「①本人に内在する問題、②家族・知人など介護者の問題、③生活手段の問題、④医療、保健・福祉サービスの問題、⑤地域・社会関係の問題」(小川 1998:97) などがある。いかに高木が看護 (nursing) の範囲を幅広く捉えるとしても、高度に発展した医療現場における「診療の補助」が看護業務の大半を占めており、「生活後退」という現象全般を支えることは現実には困難である。高木の主張は、看護の対象を非常に幅広く捉えようとする一方で、社会福祉の対象の捉え方に偏りがある。

　社会福祉の対象について、真田是 (2012:393) は、歴史的には、生活問題の中の貧困問題としてスタートしたが、資本主義の歩みとともに対象としての生活問題は拡大してきており、健康問題、保健・衛生問題、住宅問題、児童問題、家庭問題、労働能力・生活管理能力、人格問題といった諸問題は、貧困層に限定されず、多数の国民が共有する問題となっていること、また、共同の生活基盤と社会サービスの必要性、民主主義と権利意識の発展などによっても生活問題は拡大したと述べている。このようにみていくと、ホームヘルプが重視する「生活後退」は社会福祉の対象であり、社会福祉という政策的対応が必要であることがわかる。

　現代日本の社会保障・社会福祉制度を構成する諸制度の内容と相互の関連について、石倉康次 (2021:39) は、「狭義の社会政策 (労働基本法、雇用保障制度、労

働者保護法、最低賃金制度)」、「広義の社会保障制度 (社会保険制度・社会福祉制度)」に、「関連公共一般施策」を付け加えた3つの分野に整理して論じている (表5-1)。この分類からも明らかなように、介護職は、「生活後退」への対応として、これらの社会保障・社会福祉制度を、利用者個別の状況に応じて活用できるよう、直接的、または、他職種との連携によって間接的に支援することが求められる。したがって、高木 (1998:12) の言う「社会福祉は、社会保障制度構造上、最終的な位置にあり、したがって内容は最低限のものにならざるをえず」という主張は、社会保障制度・社会福祉制度の認識に偏りがあると言わざるを得ない。これらの点において、介護職と看護職は、同質性を持ちながらも、社会福祉の対象である生活問題への援助という点において、異なる性質が存在すると言える。

# 3節　資格制度のあり方と介護保険制度による影響

## 3-1 多種の資格の存在と職業的階層

　ここまでは、介護職と看護職の対象および業務内容の異同について見てきた。両職種はその守備範囲を個々に持ちながらも、ともに利用者の生命と生活を支えるという点において、社会的に重要な役割を担っている。そうであれば、両職種の権限もまたそれぞれ独立したものとして尊重されるべきであるが、今日のケア現場における両職種の権限には大きな差異がある。同じ国家資格でありながら、看護師が「業務独占」資格であることに対して、介護福祉士は「名称独占」資格であり、国家資格以外にも段階的な養成課程による多種の資格者が存在すること、介護施設では無資格未経験でも就業できることは先に述べた。介護現場に従事する介護職の保有資格の状況を調査した「令和元年度介

**表5-1.　現代日本の社会保障・社会福祉制度を構成する諸制度**

| 大分類 | 中分類 | 小分類 | 諸制度 |
|---|---|---|---|
| 狭義の社会政策 | 労働基本法 | | 労働組合法 |
| | | | 国家公務員法、地方公務員法 |
| | 雇用保障制度 | | 解雇規制法（法ではなく「整理解雇の四条件」判例による）、労働契約法 |
| | | | 職業安定法、労働者派遣法 |
| | | | 男女雇用機会均等法 |
| | | | 障害者雇用促進法 |
| | 労働者保護法 | | 労働基準法 |
| | | | 育児・介護休業法 |
| | | | 労働安全衛生法 |
| | 最低賃金制度 | | 最低賃金法 |
| 社会保障制度 | 社会保険制度 | 労働者保険制度 | 雇用保険法 |
| | | | 労災補償保険法（休業補償を含む） |
| | | | 健康保険法（被用者とその被扶養者対象、傷病手当あり） |
| | | | 厚生年金保険法（厚生年金・共済年金など被用者の年金） |
| | 社会福祉制度 | 社会福祉保険制度（税と保険料とが投入されている） | 国民健康保険法（自営業者の傷病手当がない） |
| | | | 高齢者の医療の確保に関する法律（旧老人保健法） |
| | | | 国民年金法 |
| | | | 介護保険法 |
| | | 社会手当制度 | 児童手当法 |
| | | | 児童扶養手当法 |
| | | | 特別児童扶養手当法 |
| | | | 年金生活者支援給付金制度、老年福祉年金制度 |
| | | | 医療費助成（重度心身障害者、難病・小児特定疾患 等） |
| | | | 自治体の医療費助成（乳幼児・子ども対象） |
| | | 公的扶助制度 | 生活保護法（生活・住宅・教育・医療・介護・出産・生業・葬祭扶助） |
| | | | 生活困窮者自立支援法 |
| | | 社会福祉施設・サービス制度 | 児童福祉法 |
| | | | 子ども・子育て支援法 |
| | | | 母子及び寡婦福祉法 |
| | | | 婦人保護に関する法律（売春防止法、配偶者からの暴力防止及び被害者の保護等に関する法律、ストーカー行為等の規制等に関する法律） |
| | | | 老人福祉法 |
| | | | 身体障害者福祉法 |
| | | | 知的障害者福祉法 |
| | | | 精神保健福祉法 |
| | | | 障害者総合支援法 |
| | | | 児童虐待・高齢者虐待・障害者虐待防止法、成年後見制度 |
| | | | 社会福祉法（地方社会福祉審議会、福祉事務所、社会福祉法人、地域福祉） |
| | | | 社会福祉士及び介護福祉士法（資格制による名称独占） |
| 関連公共一般施策 | 保健および公衆衛生 | | 予防接種法 |
| | | | 地域保健法 |
| | | | 精神保健福祉法 |
| | | | 伝染病予防法 |
| | | | 母子保健法（妊婦健診、未熟児養育医療、乳児・1歳半・3歳児検診） |
| | | | 学校保健安全法 |
| | | | 水道法、下水道法 |
| | 医療 | | 医療法（医療を受けるものの利益の保護） |
| | | | 薬事法（医薬品等の安全性の確保と危害の発生防止等） |
| | | | 医師法（医師免許制により国民の健康な生活確保、医師以外の医業禁止） |
| | | | 保健師助産師看護師法（免許制、業務独占） |
| | 住宅・生活環境施設 | | 公営住宅法（住宅困窮の低所得者への賃貸住宅提供、共同施設整備） |
| | | | 住宅地区改良法（不良住宅密集地区の改良事業） |
| | | | 借地借家法（借地人、借家人の権利の保護） |
| | 教育 | | 学校基本法（教育の機会均等） |
| | | | 学校教育法（経済的理由による就学困難者への援助） |
| | | | 独立行政法人日本スポーツ振興センター法（旧日本学校安全会法） |
| | | | 教科書無償措置法、高校義務化法 |
| | | | 社会教育法、図書館法 |
| | | | 国や自治体による奨学金制度 |

（出所：石倉康次『まなざしとしての社会福祉』p.40、「現代日本の社会保障・社会福祉制度及び関連公共一般施策」をもとに筆者作成）

護労働実態調査」(介護労働安定センター 2020b) によると (表5-2)、介護福祉士資格取得者の割合は、施設介護職員では約6割、訪問介護員では約5割であり、それ以外の者は、国家資格以外の資格または無資格で従事しており、現状の介護現場での多種の資格者が混在していることがわかる。訪問介護事業所については無資格者の就労は認められていないことと、生活援助従事者研修修了者は、訪問介護事業所では身体介護に従事できないことが定められているが、それ以外は保有資格による業務範囲や制限が明確に示されていない。施設における介護福祉士の配置割合等によるサービス提供体制強化加算はあるが、基本的には資格ごとの業務制限はない。また、訪問介護事業所においては、サービス提供責任者は介護福祉士・実務者研修修了者・ホームヘルパー1級資格取得者と定められているが、サービス提供責任者という認定資格や特別の研修があるわけではない。具体的な介護業務に関して、資格ごとの線引きはなく、どのような職員を配置するのかは事業所の判断に委ねられている。

　このように、介護職内での専門的な教育背景にばらつきが大きいことは、他職種との職業階層における介護職の認識に影響を及ぼしている。吉岡なみ子 (2011) が行った介護老人保健施設の介護職に対する専門性の認識調査では次のような回答が得られている。「看護師と同じ国家資格であるにもかかわらず、看護職が介護職の非医療のケアに対して『口を出す』ことに納得がいか

**表5-2.介護従事者の保有資格 (複数回答)**

|  | 施設介護職員(%) | 訪問介護員(%) | サービス提供責任者(%) |
|---|---|---|---|
| 介護福祉士 | 62.4 | 54.3 | 86.8 |
| 実務者研修 | 17.2 | 14.1 | 17.8 |
| 介護職員初任者研修 | 15.6 | 15.8 | 7.5 |
| 介護職員基礎研修 | 3.4 | 2.8 | 5.5 |
| ホームヘルパー1級 | 3.1 | 4.8 | 10.0 |
| ホームヘルパー2級 | 40.8 | 53.0 | 50.2 |
| 無資格 | 8.6 | 0.6 | 1.1 |

(出所:令和元年度介護労働実態調査「令和元年度介護労働実態調査―介護労働者の就業実態と就業意識調査　結果報告書」をもとに筆者作成)

ない」という思いを持つ一方で、「(施設介護の仕事は) 全然勉強していない、資格もない人ができるわけで、『専門性』があるなんていえない」、「看護さんと一緒だと専門的っていえない」と感じることなどが語られている。介護と看護の業務内容が重なる場面において、介護職内の教育背景のばらつきという事実から、自分または介護職全体として劣等的な感情や職種間の軋轢が生じていることがうかがえる。吉岡 (2011) は、介護職が看護職との対比において、「施設労働の過重な負担や、資格の序列、他職種との権限の違いなどに起因する権力のハイアラーキーのもとで、無力感を感じざるを得ない場面にしばしば遭遇している」、「所属する組織において自律性 (autonomy) を発揮できない権力関係のもとにおかれていることが専門性 (と自律性) の確立を困難にしている」とし、介護をすることへの肯定的な意味づけが揺るがないような協働のあり方を早急に検討する必要があると述べている。

　第1章・第2章で述べたように、介護福祉士国家資格創設前、寮母やヘルパーは、職業的プライドを持って看護師と肩を並べて働きたいと望んでいた。介護福祉士国家資格が創設されて30年以上経過しているが、上記の調査からは、介護職員が置かれている職業的階層とその認識が、資格創設以前と根本的に変わっていないことがうかがえる。国家資格はできたが、多種の階層的な介護職養成制度が依然として存在することにより、介護職全体として胸を張って専門職であると言いづらい状況が生み出されている。

## 3-2 介護保険制度による裁量権への影響

　次に、介護職と看護職という2職種間の比較だけではなく、介護職の職業的地位及び裁量権に介護保険制度の影響があることを指摘した原田由美子の主張に注目する。原田 (2008) は、介護保険制度における「援助過程の細分化、商品化、部品化、構想と実行の分離というテイラーの科学的労働管理の方法論」の導入が、介護職 (なかでもホームヘルプ労働に焦点をあてて) の裁量権を剥奪していると主張している。介護保険制度以前の措置制度上でのヘルパーの

役割は、「調査訪問に始まりアセスメント、介護計画から援助計画、実施、評価、他職種との連携の役割」を担っており、ヘルパーは「家事や介護、相談援助、連絡調整を柱として、その日の利用者の枕辺で利用者に相対して、その日の利用者の状況に応じた援助の組み立てを行い実践する裁量が認められていた」が、現状の介護保険制度下では、自己の判断において臨機応変な対応をとることができない。構想と目的の立案主体はケアマネジャー、それを具現化するのがサービス提供責任者、具体的な介護を担うのがヘルパーというしくみによって「ヘルパーはヒエラルキー的な業務分担の最下位におかれている」のである。つまり、ヘルパーは実践主体でありながら、他方では、他律的に決められたサービス内容をマニュアルどおり提供することを求められるという極めて狭い裁量権しか持たされておらず、このような労働の細分化と援助過程における裁量権、自己決定の剥奪は、労働意欲の喪失、労働の生産性と質の低下ももたらしていると指摘している。

　原田の主張は訪問介護におけるヘルパーに焦点をあてたものだが、施設介護においても介護保険制度による介護職の裁量権の弱さが指摘できる。施設入居者のケアプラン（施設サービス計画）はケアマネジャーが立案する。サービス担当者会議において、介護職の立場からの発言は求められるが、介護保険制度上、作成が義務づけられているのはケアマネジャーの作成する施設サービス計画だけである。介護職は、入居者の心身状態等を最もよく知る立場であり、まさに介護実践の主体である。介護福祉士養成課程では、「介護過程」の授業に150時間もの時間を割き、情報収集からモニタリングまでの一連の介護過程の展開について学習するが、現状では介護過程の展開（介護職が作成する個別援助計画）について、一律の手法や役割が法的に規定されていない。「介護過程実践の実態調査」（株式会社コモン計画研究所 2021）では、個別介護計画を作成している割合は、介護老人福祉施設で31.6%、介護老人保健施設で33.1%であり、およそ7割の施設が作成していないという結果が出ている。個別介護計画を作成していない理由について、最も多かったのは「施設サービス計画で対応できている」という回答で、介護老人福祉施設で89.2%、介護老人

保健施設で89.1%を占めている。その他、上位にあがったのは、両施設ともに、「業務量が増える」、「負担感がある」、「計画作成できる介護人材が不足している」という回答であった。この実態から見ても、施設介護職員においても業務分化による権限の弱さがうかがえるとともに、その背景に厳しい人材不足と専門教育背景のばらつきが影響していることがわかる。

また、施設に勤務する他職種が作成する個別援助計画作成の割合との比較においても明らかな違いが見られる。リハビリ職では介護老人福祉施設で53.4%、介護老人保健施設で92.1%、管理栄養士では介護老人福祉施設で77.6%、介護老人保健施設で85.4%と高い割合で個別援助計画を作成している（図5-1）。これらは、専門職種の配置と個別援助計画の作成をもって、それぞれ「個別機能訓練加算」、「栄養マネジメント加算（2021年4月からは「栄養マネジメント強化加算」に改定）」が算定できるしくみがあることが大きく影響していると推察できる。一方で、介護職が個別援助計画を作成し介護過程を展開しても介護報酬に反映されない。このように他職種との比較においても、介護職に対して求められる専門性とその評価のシステムが整っていないことがわかる。

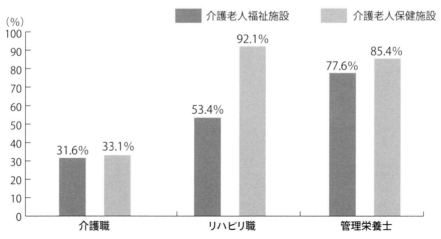

**図5-1. 個別援助計画を作成している割合（%）**
（出所：株式会社コモン計画研究所「介護現場における介護過程実践の実態調査及び効果検証に関する調査研究事業」をもとに筆者作成）

# 4節 医療的ケアの導入にみる介護職の権限

## 4-1 医療的ケア導入の背景

　2011年の社会福祉士及び介護福祉士法改正により、介護福祉士の職務を規定している第2条第2項が次のように改められた（改正部分は下線部）。

　「(略) 介護福祉士の名称を用いて、専門的知識及び技術をもって、身体上又は精神上の障害があることにより日常生活を営むのに支障がある者につき心身の状況に応じた介護（喀痰吸引その他のその者が日常生活を営むのに必要な行為であって、医師の指示の下に行われるもの（厚生労働省令で定める者に限る。以下「喀痰吸引等」という。）を含む）を行い、並びにその者及びその介護者に対して介護に関する指導を行うこと（以下「介護等」という。）を業とする者をいう」

　法改正によって、介護福祉士等も一定の教育修了と環境条件整備の下、喀痰吸引と経管栄養を業として行えることになった。具体的には、①口腔内喀痰吸引、②鼻腔内喀痰吸引、③気管カニューレ内部の喀痰吸引、④経鼻経管栄養、⑤胃ろうまたは腸ろうからの経管栄養の5つの特定行為を指す。以下、本稿ではこれらの特定行為を「医療的ケア」と記す。

　法改正の背景には、地域包括ケアを推進する流れの中で、医療依存度の高い患者への在宅における医療供給体制の不足がある。法改正以前から、在宅療養者の喀痰吸引等が、家族、医師、看護職員だけでは担いきれず、介護職がやむを得ず実施するという「実質的違法性阻却」の実態があった。また、居宅においては、利用者の家族が喀痰吸引等を実施している一方で、介護職員の実施は法的に認められていないという矛盾もあった。法改正は、それらの問題を解消し、法的根拠を持たせることとで医療的ケアの担い手を確保しようとする

もので、医業の独占業務を条件付きで緩和し、介護福祉士等の業務範囲に含めたのである。業として行う以上、医療事故が発生すれば実施した介護職員は処罰の対象になる。そのため、実施にあたっては医療職との連携の下で医療的ケアを安全・適切に実施できるよう、必要な知識・技術の習得が求められることとなり、介護福祉士養成課程のカリキュラムに「医療的ケア（講義50時間と演習）」が加えられた。また、すでに現場で実務にあたっている者に対しては、同内容の「喀痰吸引等研修」が設けられた。講義と演習の後、実際の利用者に対する実地研修を修了することで認定を受けられるしくみとなっている。

## 4-2　介護職による医療的ケア実践の現状と問題点

　ここでは、介護職による医療的ケア実践の現状と問題点について、以下の視点で検討する。1点目は、一連の行為における介護職の裁量について、2点目は、実施にあたっての介護職の基礎資格について、3点目は、医療的ケア実践による介護職への評価についてである。

### （1）医療的ケアにおける介護職の裁量

　社会福祉士及び介護福祉士法では、介護職は「医師の指示の下」で、「喀痰吸引その他のその者が日常生活を営むのに必要な行為」を行うことが示されている。しかし、介護職には実施可能な範囲に制限があり、同じく医師の指示の下で実践する看護職と比較して裁量権が少ない。医療的ケアにおいて、介護職が実施可能な範囲は、以下のように定められている。

①口腔内および鼻腔内の喀痰吸引については、吸引チューブの挿入を咽頭の手前までを限度とすること
②胃ろうまたは腸ろうによる経管栄養の実施の際には、胃ろう・腸ろうの問題がないこと、経鼻経管栄養の実施の際には、栄養チューブが正確に胃の中に挿入されていることの確認を、医師または看護職が行うこと（厚生労働省社会・援

護局 2011b)

　①のように、介護職が喀痰吸引を実施する場合、吸引チューブは咽頭の手前までしか挿入できないことになっている。そのため、咽頭より奥に喀痰が貯留していれば吸引することができない。吸引が常時必要な利用者・患者においては、痰が咽頭周辺や咽頭より奥で絡んでいる状態がしばしば見られる。痰が貯留している場所までチューブが挿入できなければ適切に吸引できない場合がある。介護職による喀痰吸引のきっかけとなったのは、ALSの在宅療養者への対応からであった。その背景に、在宅ケアにおける医療従事者不足があることを考えると、このような行為の制限は現実的とは言えない。また、少人数でも看護職が勤務している介護施設と、看護職がいないことを前提とした居宅介護とでは事情が異なるこということも制度に反映されておらず、介護職の業務に曖昧さを生み出している。

　また、②の経管栄養チューブが正しく胃の中に挿入されているかどうかの確認も、介護職単独では行えない。確認方法としては、栄養チューブに少量の空気を注入し、腹部の音を聴診する、もしくは少量の胃液を吸引する方法があるが、これは、医師または看護職が行う。介護職に認められている確認方法は、利用者の口腔内を覗いて喉にチューブがとぐろを巻いていないか（抜けてきていないか）、鼻腔からチューブが抜けていないか等の目視確認だけである。経管栄養において介護職が行うのは、栄養剤等の必要物品を準備、事前の観察、栄養チューブが安全に挿入されているかどうかの確認を看護職にしてもらった後で、栄養剤を注入、注入中および終了後の観察、異常の有無や終了した旨を看護職に報告することである。

　石橋亜矢ら（2021）が介護老人福祉施設で医療的ケアを実施している介護職員に対する調査では、「カテーテルの留置の確認や薬の注入ができない」、「吸引など手技そのものに抵抗を感じる」、「介護職が喀痰吸引をする場合、咽頭より奥はできない」といった意見があることを報告している。また、それらを「医療的ケア実施における限界」と表現し、介護職の医療的ケアの実施範囲の設定の曖昧さを指摘している。柊崎京子ら（2019）が実施した介護福祉士養成

**表5-3. 経管栄養時に想定されるトラブルと対応事例**

| | トラブル | 介護職の対応 | 看護職の対応および予防策 |
|---|---|---|---|
| 1 | チューブ・胃ろう(PEG)の脱落・抜去・受けそうになっている | ・注入せずに、すぐに看護職に連絡する | ・あらかじめ医師から指示を受けておき、手順にそって対応する<br>・ろう孔確保(胃ろうの場合)<br>　(注意:ろう孔は、早ければ数時間ほどで閉じてしまう)<br>・ろう孔確保と同時に、医師に連絡する |
| 2 | 出血 | ・経管栄養チューブ挿入部や胃ろう(PEG)からの出血や、周囲に血液が付着している場合、看護職に連絡する<br>・経管栄養チューブ内がいつもと違う色(赤・茶褐色など)になっている場合は、看護職に連絡する | ・出血部位の確認<br>・不良肉芽からの出血・胃内からの出血など、部位により医師の指示にて対応する |
| 3 | 嘔吐 | ・ただちに注入を中止する<br>・誤嚥を防ぐため顔を横に向ける・看護職に連絡する | ・全身状態の観察<br>・嘔吐の原因追及(吐物・注入速度・姿勢・体位などを確認)<br>・緊急性の判断と対応 |
| 4 | 息が苦しそう・顔色が悪い | ・ただちに注入を中止する<br>・看護職に連絡する | ・全身状態と酸素飽和度のチェック<br>・緊急性の判断と対応 |
| 5 | 痰がからんでいる | ・続くようなら注入を中止しベッドを起こしたまま様子をみる.改善すれば注入を再開し、改善しなければ看護職に連絡する | ・経管栄養チューブが抜けかかっていないか確認・必要時の、吸引や体位の工夫 |
| 6 | 腹部膨満(感) | ・注入速度を確認し、すこしゆっくりと注入する<br>・それでも改善されないときには、看護職に連絡する | ・全身状態の観察(とくに腸の蠕動運動)<br>・注入速度・姿勢(体位)の確認と調整 |
| 7 | チューブ挿入部からの注入液の漏れ | ・発見した場合は、看護職に連絡する<br>・少しずつ漏れることが常態化している場合でも、量が多いときは、看護職に連絡する | ・主治医と相談して対応 |
| 8 | 注入液が注入されない・ゆっくりで体内に入りにくい | ・決められたとおりに実施しても、注入液が滴下しない場合は、滴下を中止し、看護職に連絡する | ①ルート確認(途中でチューブが折れていないか、注入液が凝固してチューブを閉鎖していないか、チューブが抜けかかっていないか)<br>②チューブに少し圧をかけて注入をしてみる<br>③改善がなければ医師に連絡し、再挿入も検討 |
| 9 | しゃっくり | ・注入開始時にしゃっくりがあった場合はただちに注入を中止する<br>・上半身を挙上し口腔内を観察する(栄養剤が逆流していないかを確認)<br>・看護職に連絡する | ・全身状態の観察<br>・注入速度・姿勢・体位などの確認<br>・緊急性の判断と対応 |
| 10 | げっぷ | ・げっぷと同時に嘔吐することがあったら注入を中止し看護職に連絡する | ・全身状態を観察し、誤嚥が疑われるようなら医師に連絡する |

(出所:介護福祉士養成講座編集委員会『最新介護福祉士養成講座15　医療的ケア』、p.190をもとに筆者作成)

校卒業者の調査においても、喀痰吸引等を実施する中で難しいこととして、「咽頭手前までの規定による限界」、「咽頭手前まででは不十分」などがあげられたことが報告されている。

　また、医療的ケア実施時にトラブルが起こった際の対応についても、介護職の裁量で行動できる範囲が極めて狭い。介護福祉士養成テキスト（2019）の「経管栄養時に想定されるトラブルと対応事例」として介護職と看護職のそれぞれの対応について示されている内容である。

　介護職は医療の専門職ではないため、当然、医療職との役割分担は必要である。しかし、ほとんどの項目において「看護職に連絡する」ことが示されており、あまりにも「任されていない」部分が多い。たとえば、「8.注入液が注入されない・ゆっくりで体内に入りにくい」場合の対応をみると、介護職の対応としては「決められたとおりに実施しても、注入液が滴下しない場合は、「滴下を中止し看護職に連絡する」。一方、看護職の対応としては「①ルート確認（途中でチューブが折れていないか、注入液が凝固してチューブを閉鎖していないか、チューブが抜けかかっていないか）②チューブに少し圧をかけて注入をしてみる、③改善がなければ医師に連絡し、再挿入も検討」となっている。チューブの再挿入は医療職の業務だとしても、①のルートの確認などについては状況を確認したうえで報告するのは業務を行っている者として当然のことであろう。また、トラブル対応にも段階的なレベルがあり、必ずしも看護職を介する必要性があるかどうかは状況によって異なるものであると推察するが、そもそもその判断も任されていない。

　介護福祉士養成カリキュラムにおいて、「医療的ケア」の50時間の講義では、呼吸器や消化器のしくみを学び、正常と異常の区別が見極められるようにその状態について詳しく学ぶ。緊急対応のために救急蘇生法についても学習する。しかし、介護職に求められているのは、何かあればすぐに看護職に連絡することである。つまり、異変には気づかなければいけないが、判断や対処は求められていないということになる。前述した介護職が実施可能な行為の制限に関することもあわせて、このような裁量権の不足は、合理性にも欠け、

かつ、介護職にジレンマを抱えさせることにつながる可能性がある。また、一連の行為が分断されていることは、喀痰吸引や経管栄養を実施することによるケア目標の達成という認識が持ちづらく、行為を間違いなく行うということが目的になりやすいことも懸念される。

　医療的ケアは医師の指示の下（医師の指示書に基づき）に行われることになっているが、医師が常に介護現場にいることは少なく、特に施設では看護職に報告・相談・指示を受けながら行動することになる。したがって、医療的ケアにおける看護職と介護職の関係は、「連携」という言葉を用いてはいるが、事実上の上下関係が生じている。現状の医療的ケアは、一連の行為を通して介護職の裁量が、あくまでも看護職の補助的な業務にとどまっていると言えよう。

### （2）医療的ケア実践者の基礎資格

　医療的ケアは、社会福祉士及び介護福祉士法に規定されているが、介護福祉士以外の者（介護福祉職等）も一定の研修を修了すれば認定される。一方、すでに介護福祉士資格を取得していても「認定特定行為業務従事者」の認定を受けていなければ実施できない。医療的ケアを実施するためには、50時間の講義と、シミュレーターによる演習、実地研修の修了が必要である。2016年以降に介護福祉士養成カリキュラムにおいて科目「医療的ケア」を履修した者（2016年以降）および、実務者研修カリキュラムで「医療的ケア」を履修した者は講義と演習部分の要件を満たしているため、実地研修を修了すれば認定される。介護福祉士以外の介護職員も、「喀痰吸引等研修（講義、演習、実地研修は同内容）」を履修し、実地研修を修了すれば認定されて医療的ケアを行える[3]。

　つまり、介護福祉士以外の者でも、所定の研修を修了すれば喀痰吸引等の

---

3）　介護の業務に従事する者（介護福祉士を除く。）のうち、認定特定行為業務従事者認定証の交付を受けている者は、保健師助産師看護師法の規定にかかわらず、診療の補助として、医師の指示の下に、特定行為（喀痰吸引等のうち当該認定特定行為業務従事者が修了した喀痰吸引等研修の課程に応じて厚生労働省令で定める行為をいう。以下同じ。）を行うことを業とすることができる（厚生労働省社会・援護局 2011a）。

医療的ケアを行うことができるしくみである。介護職の基礎教育に個人差が大きいことはすでに述べたが、医療的ケアを実施するにあたっては当該科目の履修だけではなく、科目「こころとからだのしくみ」や「障害の理解」などの医学的な基礎知識、「介護の基本」などの倫理観の醸成に関わる学びなどとの統合された知識・技術の習得が重要である。

　石橋ら（2021）は、医療的ケアを実践している介護職員への聞き取りから「介護福祉士養成課程を経ていない介護実務者は、他領域の教育内容を受けていない者も多く、『根拠の積み重ねの経験が足りない』といった知識不足を感じている」と報告している。塩見里紗ら（2021）は、「喀痰吸引や経管栄養注入を医療的ケアの授業のみで完結するのではなく、これまでの3領域の『人間と社会』『介護』『こころとからだのしくみ』の教育内容に関連させていかなければならない」と述べており、介護知識や技術と相互に関連づけて意識づけを行う必要性を示唆している。

　このように、現状の教育制度は、土台となる教育内容が異なるところへ、「医療的ケア」を別枠のように上乗せし、習得させ認定するしくみとなっている。つまり、現状の医療的ケア実践は、介護福祉士教育における、各領域の総合的な学習による専門性の構築に裏付けられたものになっていない。また、このような状況は、医療的ケアを受ける利用者に対する安全性や信頼性の確保という点から見ても十分であるとは言い難い。


### （3）医療的ケア実践における介護職員の評価

　医療的ケアが業として法に定められたことによって、介護職の業務範囲および責任を負う範囲が拡大した。医療的ケアを実践するためには、前述したように50時間の講義・演習及び実地研修を修了して「認定特定行為業務従事者」の認定を受ける。しかし、認定を受けることが介護職員にとって専門性が向上したと捉えられているかと言えば現状は異なる。職能団体である日本介護福祉士会の医療的ケアに対する見解は以下のとおりである。

　医療的ケアの範囲の拡大を議論する前に、まずは、現行で認められている範囲における人材の養成状況や実施状況、効果測定などの評価を丁寧に行い、明らかにされた課題に適切に対応すべきである。医療的ケアの範囲の拡大が、利用者の生活をまもるために不可欠な状況がある場合、これを否定することはできないが、たとえその場合にあっても、検討の対象が医療行為であるという事実に着目し、極めて慎重に、丁寧に議論を行うべきである。なお、医療的ケアの範囲を拡大することが、介護福祉士の専門性を高めることではないことについて、関係者間で共有する必要がある（下線は引用者）（社会保障審議会福祉部会福祉人材確保専門委員会 2017）。

　このように、「利用者の生活をまもるために不可欠な状況がある場合、これを否定することはできない」という表現から、職能団体としては、介護職が喀痰吸引等の医療的ケアを行う目的は、「利用者の苦痛を取り除くことで安全な生活を支える」という立場であることが示されている。また、「介護福祉士の専門性を高めることではない」という発言から、介護職の業務に医療的ケアが導入されたことについては消極的であり、社会福祉領域の専門職が医療行為を行うことへの違和感を抱えながら、政策を受け入れている様子がうかがえる。

　個別の職員への評価という点から見ても、医療的ケアを実践できることによる賃金面やキャリアアップにつながる評価システムは、特に定められていない。介護保険制度では、事業所が医療依存度の高い利用者や重度認知症の利用者などを受け入れた場合に、その他の要件も含めた基準を満たすことによって加算が算定できる[4]。しかし、そのような利用者に対応することへの職員の負担は、喀痰吸引等だけの問題ではない。医療依存度の高い利用者は、

---

4)　たとえば、介護老人福祉施設における「日常生活継続支援加算」や、訪問介護における「特定事業所加算」などがある。「特定事業所加算」を取得する場合には、「体制要件（研修、健康診断、緊急対応他）」、「人材要件（介護福祉士の比率や実務経験年数他）」、「重度者対応要件（介護度4・5の利用者の割合や喀痰吸引が必要な利用者の割合他）」という基準をどの程度満たしているかによって、段階的な加算額が定められている。

基礎疾患の悪化や合併症発症などのリスクが高いため、全身状態が悪化しやすく、受け入れにあたってはそれに対応できる資質を備える職員を手厚く配置しなければならない。また、医療依存度が高い利用者は、入退院の頻度が多く、受け入れから利用終了（長期入院や死亡など）までの期間が短いことなど、さまざまな点において介護職員の心身の負担が重くなる。加算は通常より手厚いケアをするための費用として設定されているのであり、個別の職員の賃金アップには反映されにくいしくみになっている。加えて、喀痰吸引が昼夜問わず必要であれば、医療的ケアができる職員（認定特定行為業務従事者）をすべての勤務時間帯に毎日配置しなければならない。そうなれば人材確保のハードルが一層高くなる。

　日中は看護職がいるが、夜勤時間帯には看護職がいないため介護職が対応するケースもしばしば見られるが、それは業務分担というよりは、看護職不足を補う意味合いが強い。通常の夜勤業務だけでも人手不足の介護現場において、医療的ケア及び医療的ケアが必要な利用者へのケア全般が加わることの負担は大きい。石橋ら（2021）の調査では、医療的ケア実施に対する業務負担として、「身体介護が必要な人が多く介護職の負担や業務量が多い」、「一部の介護職が資格を取得することによって、その人の負担感がある」、「介護職も他の業務があるので、実施は難しい」、「介護業務がきつくて辞めている」といった「介護業務の量的負担」が介護職に生じていることが報告されている。柏葉英美ら（2019）の調査でも「介護職は、責任や仕事量が増え、リスクに対する不安を抱えながら実施しているという意見」が多いと報告されている。

　介護職の医療的ケア実践は、認定資格取得の段階から多くの時間を費やし、現場での実践においては心身の負担とリスクを負う。一方で、そのことが、介護職として専門性の高いスキルを持つ者であるとの共通認識がされてはおらず、行った業務の評価も適切になされていない状況である。

# 5節　共通基礎課程の考え方の導入と 地域包括ケアシステムの影響

## 5-1　共通基礎課程の考え方の導入

　前節で述べたように、2011 年の社会福祉士及び介護福祉士法の改正によって、喀痰吸引等の医行為の一部を介護職が担うこととなった。その後、2015年 4 月 14 日、厚生労働省は、複数分野にわたる介護・福祉サービスを融合させる推進方策と、担い手となる専門職種の統合・連携方策を省内で検討するため「介護・福祉サービス・人材の融合検討チーム」を設置した[5]。その背景には、2025 年に団塊の世代がすべて後期高齢者となることや、高齢者介護・保育・障害分野の厳しい人材不足があり、「総合的福祉人材の育成、効率的なサービス提供のための生産性の向上」（厚生労働白書 2015）という方向性が打ち出され、これにより専門職間の労働力の流動化が示唆された。

　厚生労働省においては、改革の基本コンセプトとして「地域共生社会」の実現を掲げ、2016 年 6 月 2 日には、「ニッポン一億総活躍プラン」が閣議決定、「医療、介護、福祉の専門資格について、複数資格に共通課程を設け、一人の人材が複数の資格を取得しやすいようにする」こと、医療福祉の業務独占資格の業務範囲について、現場で効率的効果的なサービス提供が進むよう、見直しを行う」（閣議決定 2016）ことが示された。また、2017 年 2 月 7 日には、「『地域共生社会』の実現に向けて（当面の改革工程）」（厚生労働省「我が事・丸ごと」地

---

5)　2015 年 6 月 16 日、「介護・福祉サービス・人材の融合検討チーム」は、人口減少社会における複数サービスのコーディネートについて検討した。その課題として、「①福祉人材が不足している中での効果的・効率的なサービス提供や、有効な人材活用策の必要性、②支援ニーズの変動への柔軟な対応、③利用者が減少している中での効率的な対応、④対象者の状況に即応して、ニーズの把握から支援の組み立て・提供までの一貫した対応、⑤複数サービスを一体的に提供することを考える事業者の負担を軽減」をあげた。

域共生社会実現本部 2017）が示され、その具体化に向けた改革が進められること
となった。

　これらの方針によって、医療・福祉人材の確保に向けて、新たな資格者の
養成のみならず、潜在有資格者の人材活用と、これによる他の高付加価値産
業における人材確保を同時に達成することが必要という考えのもと検討が始
められた。方向性としては、複数の医療・福祉資格を取りやすくし、医療福
祉人材のキャリアパスを複線化することである。その具体的な取り組みが、
医療・福祉の共通の基礎課程を創設し、資格ごとの専門課程との2階建ての
養成課程へ再編すること、資格所持による履修期間の短縮、単位認定の拡大
を検討するというものである（図5-2）。対象となる医療・福祉関係資格の例と
して、医療職では、看護師、准看護師、理学療法士、作業療法士、視能訓練士、
言語聴覚士、診療放射線技師、臨床検査技師の8職種が、福祉職では、社会
福祉士、介護福祉士、精神保健福祉士、保育士の4職種があげられている。

　政府は共通基礎課程創設を念頭に、医療および福祉関係17職種の教育内容
の共通度などの調査を実施、「職種間では教育内容にバラツキがあり、既存カ
リキュラムを前提に、年単位で共通化するのは困難。保健医療福祉の専門職
に求められるコアコンピテンシーを検討し、教育内容の共通化を進めるとい
うアプローチが妥当」（全国厚生労働関係部局長会議 2018）という結果が示された。

**【共通基礎課程のイメージ】**（※具体的な制度設計は今後検討）

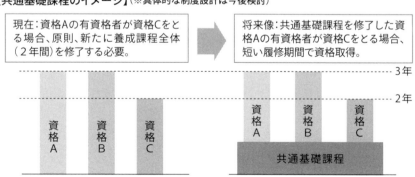

**図5-2. 医療・福祉資格の共通基礎課程のイメージ**
（出所：全国厚生労働関係部局長会議「政策統括官（総合政策担当）資料」をもとに筆者作成）

　今後の方針としては、共通基礎課程の実現に向け、できるところから着手しつつ、引き続き、海外における教育課程の共通化の取り組みについての調査や、わが国における対人支援を行う専門職に求められる能力（コンピテンシー）研究、その能力を有する専門職を養成するための教育のあり方の研究が進められている。

　海外での保健医療福祉分野の資格制度の状況をみると、フィンランドやデンマーク、ドイツなどで、高齢者ケア従事者の資格制度を統合、体系化した教育課程および資格が設けられている例があり、わが国の共通基礎資格の考え方はそれら諸外国を参考にして検討されている。フィンランドでは、1993年から「ラヒホイタヤ」という社会・保健医療共通基礎資格が創設され、前身となる10資格が統合された。統合された基礎資格は、保健医療部門では、①准看護師、②精神障害看護助手、③歯科助手、④保母・保育士、⑤ペディケア士、⑥リハビリ助手、⑦救命救急士・救急運転手の7職種、および、社会サービス部門では、①知的障害者福祉士、②ホームヘルパー、③日中保育士の3職種である。ラヒホイタヤ資格は中学卒業後3年間の養成機関を修了して取得するもので、身体的ケアの他に、医療行為として、傷の手当、浣腸、カテーテルの装着の補助、投薬、静脈以外の注射などを行うことができる（成清 2016 b）。

　また、デンマークでは、1990年の社会保健基礎教育法により、介護・看護・保健の教育体系を統一し、わが国の介護福祉士に相当する SSH（社会保健ヘルパー）と医療処置も対処できる SSA（社会保健アシスタント）の資格制度が創設されている（田家 2016）。これらは、9年間（または10年間）の義務教育後、1年間の準備教育または就労経験1年を経て、SSH（社会保健ヘルパー）は1.2年の教育、SSA（社会保健アシスタント）は1.8年の教育を受けたのち就業する。さらに、その後、分野別に3年の教育を受けることで看護師、助産師、作業療法士、保育士、ソーシャルワーカー、養護教諭の資格を取得できるというしくみである。

## 5-2　共通基礎課程の議論と地域包括ケアシステムの影響

　わが国の共通基礎課程の議論の背景については先に述べたが、そのことと深く関連するのは、厚生労働省が推進している「地域包括ケアシステム」構築に向けた動きである。

　「地域包括ケアシステム」とは、「団塊の世代が75歳以上となる2025年を目途に、重度な要介護状態となっても住み慣れた地域で自分らしい暮らしを人生の最期まで続けることができるよう、住まい・医療・介護・予防・生活支援が一体的に提供される体制を目指す」もので、システム構築で求められる視点として、①「生活支援と介護予防への対応強化（特に軽度者）」として、地域力（自助・互助）による高齢者の活動向上と社会参画の促進、②「介護・医療サービスの充実（特に中重度者）」として、各サービスの充実と医療・介護（多職種）連携の推進が掲げられている。これは、2008年に設立した「地域包括ケア研究会」[6] によって検討が進められ、2010年に「地域包括ケア研究会報告書」として取りまとめられ、上記の方向性が示されたものである（三菱 UFJ リサーチ＆コンサルティング 2010）。先に述べた「地域共生社会」の実現に向けた取り組みの推進も、「地域包括ケアシステムの強化のための介護保険法等の一部を改正する法律」[7] の中に位置づけられたものである。

　地域包括ケア研究会（2016）の報告書には、「地域包括ケアシステム」においては、「生産年齢人口の減少による担い手の減少と需要の増加が進む2025

---

6)　地域包括ケア研究会は 2008 年に、厚生労働省老人保健健康増進等事業の一環として、田中滋慶應義塾大学大学院教授（当時）を座長に、高齢者政策の専門家によって設立された。なお、同研究会は、「地域包括ケアシステムに関する検討部会」と、「地域包括ケアを支える人材に関する検討部会」の二部会で構成された。その後 4 期にわたり研究会が開催され、地域包括ケアシステムの基礎的な考え方や政策の方向性を提案してきた。

7)　「地域包括ケアシステムの強化のための介護保険法等の一部を改正する法律」は、第193回国会で成立、2017年 6 月 2 日公布。高齢者の自立支援と要介護状態の重度化防止、地域共生社会の実現を図るとともに、制度の持続可能性を確保することに配慮し、サービスを必要とする方に必要なサービスが提供されるようにすることを目的として制定された（衆議院 2017）。

年から2040年を念頭におけば、『自助・互助・共助・公助』のバランスを改めて考えなくてはならない」とし、「医療・介護・福祉にかかわる専門職の機能の対象は、専門職にしかできない業務への重点化が基本的な方向」であることが強調されている。さらに、「従来のサービスでは、医療・介護の専門職が『生活支援』を提供することもあるが、『生活支援』が民間事業者やNPO、ボランティア、地域住民など多様な主体により提供されるようになれば、医療・介護の専門職は『医療・介護』に注力することができ、在宅限界点の向上につながる」という考えが記されている。

　このような一連の動向は、国民の介護負担を、「介護の社会化」を謳った介護保険制度が限界であることを示し、個人の努力＝「自助」や、家族や近隣住民の支えあい＝「互助」に差し戻そうとするものである。上記の報告書では、「生活支援」については「専門職にしかできない業務」ではないという考え方が示されており、「介護」の枠から切り離そうとしていることがわかる。このような考え方は、前述した共通基礎課程導入に向けた「総合的福祉人材の育成、効率的なサービス提供のための生産性の向上」という方向性につながるものである。

　近年は、「地域包括ケアシステム」の実現を前提とした介護人材養成のあり方についての議論もある。成清（2016a）は、「要介護者、障害（児）者等のケアサービスにおいて、医療（看護）行為は必然的なもの」としたうえで、「地域包括ケアサービスは、社会サービス分野と保健医療サービス分野を包括したものである。故に、医療サービスが実施できないケアワーカーは、必要度が低下するのであり、看護師と業務分離している現状は望ましくない」と述べ、現行の介護福祉士教育の上に准看護師教育を上乗せした「社会介護保健師（仮称）（下線は引用者）」資格を創設することを提案している（下線は引用者）。また、横山正子（2016）は、介護福祉士の「医療的ケア」教育に携わる立場から、「医療的ケアは介護福祉士の専門性を向上させないばかりか、実践と医療職との連携において無理がある」としたうえで、「国が地域包括ケアシステムを構築しようとする今、介護福祉士は裁量権を持ちながら医療と協働できる教育を

行い、介護福祉から医療介護福祉へとそのキャリアを展開すべきである（下線は引用者）」と述べている。

　両者の主張は、「地域包括ケアシステム」を前提としていること、また、共通基礎課程から資格制度の見直しに言及し、介護職の枠組みを「福祉」から「医療福祉」へと拡大することで権限の範囲を拡大すべきという点で共通している。横山が、介護福祉士が裁量権を持てる形での資格見直しを求めていることや、成清の「医療サービスが実施できないケアワーカーは、必要度が低下する」という表現から、介護職の担う職務範囲について、今後はより一層医療を重視した形にシフトせざるを得ないと捉えていることがうかがえる。

　職能団体である日本介護福祉士会は、「医療、介護・福祉の資格取得に必要な基礎教育課程の一部共通化の検討は、地域包括ケアの実現という共通の目標を達成するためには有効な手段」としながらも、「資格毎に独自の価値や専門性があることを踏まえれば、それぞれの資格取得に必要とされる教育内容は、それぞれ適切に担保すべきであり、養成期間の短縮に係る議論は慎重に行うべき」、「検討に当たっては、養成課程だけに着目するのではなく、専門性が異なる複数の業務を担う人材を実際の現場においてどのように活用するのかといった観点も、一体的に議論すべき」（社会保障審議会福祉部会福祉人材確保専門委員会 2017）という見解を示している。日本介護福祉士会は、「地域包括ケアシステム」の実現を前提として共通基礎課程を容認した上で、教育内容や養成期間の議論には慎重な立場をとっている。第2章・第3章で述べたように、介護福祉士資格創設にあたっては、介護福祉士の学問分野は学際的で幅広いものであるとされていた。養成期間についても、当初は3年間で検討されていたものが、看護職養成との兼ね合いで2年にとどめられた経緯がある。また、前述したように、介護職の新たな業務となった「医療的ケア」においても、介護職の権限に曖昧さや不足がある。このような状況にある今こそ、日本介護福祉士会は、介護福祉士が今後どのような業務を、どのような権限を持って行うのか、職能団体としてどのように行動していくのかという明確な考え方を示すべき時である。現状のままでは、介護職は近年の中重度者

対応への偏重や、生活支援からの専門職の切り離しをベースとする共通基礎
課程創設の波に流されてしまう可能性がある。

# 6節　本章のまとめ

　ここまで、介護職の権限について、隣接職種である看護職との異同や、多
種の資格の存在による影響、介護保険制度の影響、医療的ケアの導入とその
問題点、共通基礎課程の考え方の導入と地域包括ケアシステムの影響などか
ら見てきた。

　介護職と看護職の業務は、人をケアするということにおいて職種によって
分割することができない重なりがある。一方で、介護職は、社会福祉の対象
である生活問題への援助に重点を置くことに対して、看護職は、医師の診療
の補助に重点を置くという点で異なる性質を持つ。

　介護職の業務として位置づけられた医療的ケアは、利用者の生命・生活を
支えるという人材の確保という視点から、職種の垣根を越えて実施されるこ
とは必要である。しかし、現状では、実践にあたっての介護職の裁量権が小
さいことや基礎資格の曖昧さ、実践に対する評価システムがないことなどの
問題がある。さらに、近年は医療的ケアにとどまらず、医療・保健・福祉の
関係職種の養成教育において、共通基礎課程を導入する動きがある。今後は、
共通基礎課程の考え方から発展して、職種間の業務範囲の見直しの議論に至
ることが推測される。共通基礎課程を設けることで、他資格を取得する際の
期間を短縮するという考え方は合理的であり、そのこと自体が問題ではない。
問題となるのは、今後、さらに領域を超えた業務が導入される場合に、介護
職の専門性が曖昧なまま、安価に他職種の業務を補完的に担うものとして位
置づけられる可能性である。現状の医療的ケアの問題に見るように、介護職

は、十分な権限や賃金評価を与えられないまま看護職の補助・補完的な業務を担い、医師を頂点とする医療職のヒエラルキーの下層におかれている。

今日の共通基礎課程の導入の背景には「地域包括ケアシステム」の実現に向けた政策があり、介護職においては、「生活問題を支える」という主の部分がむしろ弱められ、医療を支える方向に押し流されている傾向がある。職種間の業務範囲の拡大や相互の乗り入れは、あくまでも利用者にとっての利益の拡大のためにある。利用者の利益とは、生命・生活がより高い水準で支えられるしくみができるということである。介護職が医療的ケアを実践するということは、単に医療職不足を補うための便利な人員としてであってはならない。そこには、看護職との同質性や重複点を持ちながらも、原点である「社会福祉の対象としての生活問題」への援助を中核とした学際的な専門職としての固有性が発揮されなければならない。そのためには、介護福祉士の養成教育の深化・拡充と、階層的な介護職養成教育課程の早急な見直しが必要である。

# 第6章

## 労働条件と労働内容の変容

　序章では、介護需要に対する介護職員数の不足の状況を、採用率と離職率、入職後の離職までの期間、有効求人倍率、確保困難な理由などから示した。本章では、介護職の労働条件と労働内容の状況について掘り下げてみていく。第1節では、定着性の低さとその要因について、第2節では、非正規職員に関する諸問題について、第3節では、賃金の状況について取り上げる。そのうえで、第4節では、近年の政策に見られる、生産性向上と介護サービスの標準化の動向について把握し、その問題点を考察する。

# 1節　定着性の低さとその要因

## 1-1　離職の理由

　介護職場の定着性の低さについては序章で示したとおりである。

　離職の理由（前職をやめた理由）については、男性では、「自分の将来の見込みが立たなかったため」が 26.5% と最も多く、次いで「職場の人間関係に問題があったため」が21.7%、「収入が少なかったため」が17.9%である。女性では、「結婚・妊娠・出産・育児のため」が20.7%、「職場の人間関係に問題があったため」が18.1%、「収入が少なかったため」が14.2% と続いている（介護労働安定センター 2022b）。

　男性に多い「自分の将来の見込みが立たなかったため」という回答から、家庭をもって働き続けるにあたり、賃金の面で介護職場の将来性に希望が持てない職業だと認識されていることがうかがえる。女性の「結婚・妊娠・出産・育児のため」という回答は、女性が多い看護職などにも多く見られる。加えて、介護職場は常に人手不足であるため、一度辞めても再就職しやすいことも関係していると考えられる。男女ともに上位回答にあがっている「職場の

人間関係に問題があったため」ということについては、職員の流動性の高さや、多様な雇用形態の職員の混在などによって、労働者同士の連帯や支え合いが機能しづらい状況にあることが推察される。

## 1-2　介護職の就業形態の特徴

介護職場における職種別の無期雇用職員の割合をみると、生活相談員が89.3％と最も高く、次いでサービス提供責任者が86.8％、介護支援専門員が85.5％、PT・OT・STが84.6％と高い割合を示していることに対して、看護職員・介護職員は71.3％で、訪問介護員では62.6％と低くなっており（介護労働安定センター2022a）、特に訪問介護職員の無期雇用の割合が低い（図6-1）。

これらは、これまでの介護人材確保政策において、パートタイマーや登録ヘルパーなどの非正規職員の雇用が推進されてきたこと、介護保険制度によって人員配置基準に常勤換算方式が導入されたことなどが影響していると考えられる。非正規職員雇用の職員に対して、今後の就業形態の希望について質問した

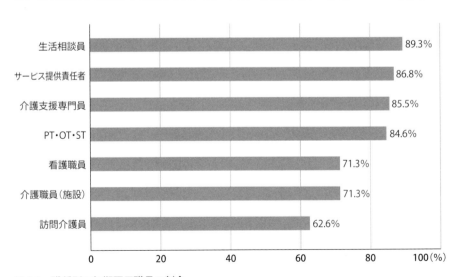

**図6-1. 職種別の無期雇用職員の割合**
（出典：介護労働安定センター「令和3年度介護労働実態調査―事業所における介護労働実態調査　結果報告書」をもとに筆者作成）

調査では、「正規職員を希望しない」者の割合が、訪問介護職員では82.2%、介護職員74.3%となっている（介護労働安定センター 2020）。非正規職員の7割〜8割が正規職員を希望していない状況から、介護労働者間での就労に対する意識の違いが大きいことが現れている。このことは、介護職場が、自らが「生計維持者」として処遇改善を求める労働者層と、「家計補助者」として、パートタイマーや登録ヘルパーを希望する主婦層等が混在する職場であることを示している。

　また、同じ介護関連職であっても生活相談員・サービス提供責任者・介護支援専門員では無期雇用職員の割合が高い。これらの職種に関しては、介護職から移行しているケースが少なくない。特に介護支援専門員については、介護職から移行している者が多く、2021年度の第24回介護支援専門員実務者研修受講試験合格者の基礎資格をみると、介護福祉士が全合格者中60.7%を占めている。2015年に受験要件が改正され介護福祉士の資格を持たない者が除外されたが、経過措置最終年限の2017年度の試験では、介護福祉士及びその他の介護従事者が、全合格者のうち86.2%を占めていた（厚生労働省HP 2022）。そのため現任の介護支援専門員の多くは介護職を基礎職種とする者が占めていると思われる。筆者が実施した介護福祉士を基礎職種とする介護支援専門員の職務認識調査では、「介護保険制度の中で、キャリアアップとやりがいを実感」するというカテゴリーが抽出され、「介護保険制度内でのリーダー的な位置づけ、自由裁量をもつ立場に魅力がある」というサブカテゴリーが抽出された（石川由美 2011）。職種による無期雇用職員の割合の違いの要因は、必置義務、配置による加算取得のため、介護職よりも需要人数が少ないため等と見ることはできるが、他の要因として、夜勤などの不規則勤務や肉体的負担を伴う労働が少ないこと、介護職に比べて裁量性が高い職種であり、正規職員として長く続けていきたい労働と認識されていることが推察できる。

## 1-3　介護職員の高齢化

　全国労働組合総連合（2019）が実施した「介護労働実態調査報告書」による

と、施設介護労働者では、平均年齢が44.8歳（前回は5年前で41.5歳）と年齢が比較的高く、20代が少ないことが特徴である。訪問介護労働者では、平均年齢が55.5歳と極めて高く、50歳以上が73.0%を占める一方、20代は1.0%しかいない（図6-2）。なかでも登録ヘルパーの高齢化が急激に進んでおり、前回調査の平均55.2歳から今回の58.7歳へ、5年間で3.5歳上がっている。登録ヘルパーに占める60歳以上の労働者の割合は51.0%と半数を超えている。この状況が続けば、訪問介護労働者は今後さらに不足することが予測され、在宅介護の要である訪問介護事業は存続の危機にあるといっても過言ではない。

第1章でも述べたように、1980年代後半からの介護人材確保政策によって、ホームヘルパーは「女性なら誰でも」、「気軽に」、「短時間でも」できる仕事として、多くの主婦層が非正規職員として従事してきた経緯がある。それは、性別役割分業の意識の助長や、介護職の賃金を低い水準に抑えることにもつながっていった。

しかし、今日では労働者人口の減少に加えて、職業選択に関する意識の変化、労働条件や労働環境等の問題などによって、これまでのような人材確保が困難な状態が起こっている。

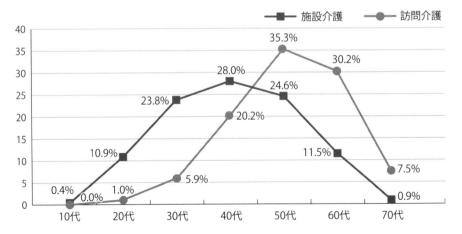

**図6-2. 介護職員の年齢構成（施設介護、訪問介護の2種）**
（出所：全国労働組合総連合「介護労働実態調査　報告書」をもとに筆者作成）

# 2節　非正規職員に関する諸問題

## 2-1 登録ヘルパー・パートタイム職員をめぐる問題

　全国労働組合総連合 (2019) が実施した「介護労働実態調査報告書」によると、登録ヘルパーという働き方に対する不満について、「勤務と勤務の間の時間が使いにくい」、「収入が不安定で困る」、「移動時間の賃金が保障されていない」、「キャンセル時の賃金保障が不十分」、「勤務時間がバラバラで困る」等の意見が上がっており、ヘルパーの高年齢化とも相まってこのような労働環境が人手不足の大きな要因につながっていることが推察できる。また、利用者本位の訪問介護サービスを提供するために不足していることは何かという問いに対しては、「必要なサービスが提供できる時間の保障」が54.9%、「利用者とコミュニケーションをとれるゆとり」が51.6%と過半数を超えている。これらの結果から、介護保険制度改正によってサービス提供時間が細分化されたことが、サービスの内容や質に影響を及ぼしていること、仕事のやりがいや達成感に影響を及ぼしていることがうかがえる。

　また、同調査では、登録ヘルパーの減少により、正規職員の訪問介護業務が増加し、事務的な業務ができないなど、正規職員の業務負担も重くなっていることが報告されている。全国ホームヘルパー協議会の調査では、サービス提供責任者については、人材不足を補うための業務に時間と労力を費やし、運営基準で定められた本来業務[1] を行う時間が取れないこと、業務量の多さやそれに見合わない処遇によりバーンアウトしてしまう者が出ていることが報

---

1）「指定居宅サービス等の事業の運営、設備及び運営に関する基準」（厚生省令第37号）第24条及び28条）に定められたサービス提供責任者の業務は、「訪問介護計画の作成や変更、訪問介護の利用申し込みの調整、利用者の状態の変化や意向の定期的な把握、サービス担当者会議への出席、介護支援専門員との連携、訪問介護員への指導や業務管理」等である。

告されている（社会保障審議会介護給付費分科会 2020a）。日本ホームヘルパー協会の調査（2010）によれば、サービス提供責任者の全体業務時間のうち、訪問業務に占める割合は41.1%であり、このうち、人材不足を補うための代行訪問にかかる時間が11.9%、自らの担当訪問にかかる時間が70.2%を占め、運営基準で定められた本来業務を行う時間がとれないという結果が報告されている（社会保障審議会介護給付費分科会 2020b）。

　施設介護においても同様のことが言える。多くの事業所が人手不足の状況にあり、パートタイム職員や派遣労働者などの非正規職員によって支えられている。しかし、勤務時間が限定されるパートタイム職員等の存在は、正職員の勤務時間や労働内容に影響を及ぼす。たとえば、夜勤ができないパートタイム職員等が多い場合には、必然的に正規職員の夜勤回数が多くなり、日勤時間帯にリーダー職員やベテラン職員などが配置できない状況が起こる。このことは、日中の職場管理やチーム運営のためのマネジメント、利用者および家族対応、職場内外の関係職種との連絡調整など、さまざまな面で円滑な介護サービス実践に支障を来すことにつながる。

## 2-2 派遣労働者の問題

　ここでは、パートタイム職員や登録ヘルパー以外の非正規職員として、派遣労働者の問題について触れる。現状の介護現場は、職員が離職した場合、即座に人員を確保できない状況にあり、やむを得ず派遣労働者を受け入れる事業所が増えている。事業所調査による派遣労働者の受け入れ状況（介護労働安定センター 2022a）をみると、派遣労働者を「受け入れている」が11.5%、「受け入れていない」が87.9%となっている。受け入れている職種は「介護職員」が62.6%と最も高く、次いで「看護職員」が28.8%、「訪問介護員」が11.3%となっている。法人格別では、社会福祉法人は「受け入れている」が21.3%と高くなっている。受け入れている職種は「介護職員」が77.4%と最も高く、次いで「看護職員」が24.3%となっている。

　筆者は首都圏で特別養護老人ホームの管理者をしていた経験があり、介護現場の厳しい人材不足に直面した。序章で示したように、そもそも「採用が困難」なことに加え、「希望する人材要件に合致する人材が不足」している状況がある。離職者の補充のため、やむを得ず派遣労働者を受け入れたことがあるが、職場内研修への参加や施設理念の理解などを求めることは難しいと感じた。派遣労働者の就業期間は、2〜3か月ごとの契約更新制であるため、派遣労働者の都合で契約更新がされないことは珍しくない。短期間で職場を去る者も多く、チームの一員としてのメンバーシップを求めることが難しい。介護業界における派遣労働者は、正規職員を希望しない、組織に縛られず働きたいという人が多いことが特徴である。宮本恭子（2020）が実施した派遣労働者への調査においても、派遣という雇用形態を選択した者は「組織に縛られたくないから」という理由である傾向が見られることや、派遣会社に対する雇用管理や職業生活全般における満足度が高いことが示されている。

　また、人材派遣会社への支払いは事業所の経営を圧迫する。厚生労働省の経営実態調査では、人材不足から大都市部を中心に人件費が高騰、自力による人材確保が困難になっており、2016年度は70.7％の施設が人材派遣会社を利用せざるを得ない状況であったこと、1施設あたりの平均利用人数は9.01人で、派遣会社に支払う年間の費用が平均1,388万3,272円であったことが明らかになっている。この費用は、給与費ではなく委託費に計上されるため、実態調査よりも多くの費用が人件費に費やされている（シルバー新報 2017）。派遣職員を利用した場合、パートタイム職員の時給のおよそ2倍の金額を人材派遣会社に支払う必要がある（それを派遣労働者と派遣会社で分け合うしくみ）。賞与などの手当てについても直接雇用のパートタイム職員との差が出てしまうこともある。たとえば、直接雇用のパートタイム職員には賞与が支給されていなくても、派遣労働者には人材派遣会社から賞与が支給されるなど、同等の労働をしているにもかかわらず直接雇用者より派遣職員のほうが高い収入を得るということが起こり、直接雇用職員の不満の原因となることもある。

　人材派遣会社の質や派遣労働者の質もさまざまで、介護職としてほとんど

経験がない者（介護未経験者を含む）を紹介する業者もある。事業所側は即戦力となる職員を希望しているのであって、経験の浅い派遣労働者を育成する余裕はない。

　他にも、派遣会社が人材紹介業を兼ねている場合もあり、「紹介予定派遣」という形態を勧める業者もある。これは、数か月派遣職員として勤務した後、派遣職員・受入事業者双方が合意すれば、紹介手数料を業者に支払って直接雇用者として雇用するものである。紹介手数料は職種や労働者のキャリアによって異なるが、介護職員の場合は、想定される年収のおよそ20%程度支払う必要がある。業者によって多少違いはあるが、ほとんどの場合、就業開始後、3か月以内の離職に対しては、紹介手数料の一部が返金されるが、3か月を過ぎて離職した場合には一切返金されないしくみとなっている。介護事業所としては、高額な紹介手数料を支払って短期間で離職された場合には大きな打撃となるが、人材を確保するために、業者に頼らざるを得ない状況がある。近年、介護における人材派遣・人材紹介は、新たなビジネスとして参入する業者が増加している。人材派遣をめぐる問題は、介護職の専門性を構築することとは乖離した実態があり、現在の介護人材確保政策の生み出した新たな問題である。

# 3節　賃金の状況

　介護職員の賃金の支払い形態には、就労形態に合わせて月給・日給・時間給の3種類がある。本節では、月給の者と、時間給の者の所定内賃金の平均を取り上げる（介護労働安定センター 2022a）（図6-3・図6-4）。月給の者では、介護職員は222,756円、訪問介護員は224,126円であり、介護支援専門員や生活相談員に比べて約3〜4万円低いことがわかる。時間給の者では、介護職員は1,031円、訪問介護員は1,319円であり、特に介護職員の賃金が低い。令和3

年度の最低賃金（全国加重平均額）は930円で、介護職員の時間給は最低賃金の101円高にとどまっている（介護労働安定センター2022a）。同年のアルバイト・パートの平均時給額は1,123円で（マイナビキャリアリサーチLab 2022）、介護職員の時

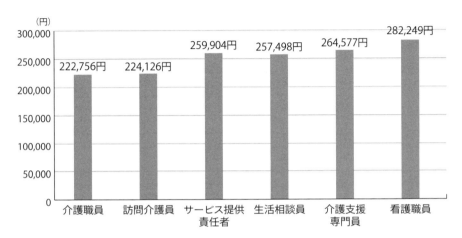

**図6-3. 職種別所定内賃金の平均額（月給の者）**
（出所：介護労働安定センター「令和3年介護労働実態調査─事業所における介護労働実態調査　結果報告書」をもとに筆者作成）

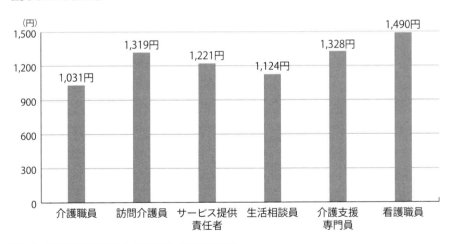

**図6-4. 職種別所定内賃金の平均額（時間給の者）**
（出所：介護労働安定センター「令和3年介護労働実態調査─事業所における介護労働実態調査　結果報告書」をもとに筆者作成）

給は平均以下となっている。介護職は現状でも人手不足、今後もますます社会的な需要が高まる職種であるにもかかわらず、他職種に比べて低賃金労働として位置づけられている状況は、第3章で明らかにした介護職の専門性や介護労働の特性が、適正に評価されていないことを表している。

介護職員の賃金については、他産業との格差を改善する施策として、2009年から2011年まで「介護職員処遇改善交付金」、2012年からは「介護職員処遇改善加算」が設けられた。その後、介護報酬改定により、2015年4月に月額約1.3万円、2017年4月に月額約1.4万円の加算の実施と、さらに、2019年10月からは経験・技能のある職員（勤続10年以上の介護福祉士が基本）を重点化したうえで、月額8万円以上の「介護職員等特定処遇改善加算」が設けられた。2014年から2018年の4年間の介護職員の賃金の推移は図6-5に示すとおり、2.6万円アップしたが、2018年度の介護職員の賞与込み給与は28.3万円であり、全産業計の37.0万円と比較すると8.7万円低い結果となっている（内閣官房全世代型社会保障検討会議 2020b）。

「介護職員処遇改善加算」は5段階の区分があり、区分ごとに加算額が定められている。区分ごとに定められているキャリアパス要件と職場環境等要件

**介護職員の賃金推移**

**図6-5. 介護職員の賃金の推移**
（出所：第6回内閣官房全世代型社会保障検討会議「資料1基礎資料」をもとに筆者作成）

を満たすことで加算が算定できる仕組みになっている。「介護職員処遇改善加算」の取得状況（社会保障審議会介護給付費分科会介護事業経営調査委員会2020）をみると、93.5％の事業所が取得しており、そのうちの75.6％が最も加算額の高い区分である「加算Ⅰ」（月額3.7万円相当）を取得している。一方、2019年に新設された「介護職員等特定処遇改善加算」[2] を取得している事業所は58.7％にとどまっている。加算を算定しない理由は「賃金改善の仕組みを設けることにより、職種間の賃金のバランスがとれなくなることが懸念されるため」が38.8％、「賃金改善の仕組みを設けるための事務作業が煩雑であるため」が38.2％となっている。

　「介護職員等特定処遇改善加算」は他の介護職員などの処遇改善の収入を充てることができるよう柔軟な運用を認めることを前提にしているため、一定の基準はあるが「経験・技能のある職員」以外の介護職員やその他の職種の職員にも配分可能な仕組みである。「介護職員等特定処遇改善加算」の配分状況をみると、「他の介護職員」に配分した事業所が85.4％、「その他の職種」に配分した事業所が60.0％となっている。また、「その他の職種」に対する配分状況をみると、生活相談員・支援相談員、看護職員、事務職員の割合が高くなっている。つまり、現状の配分ルールは事業所の裁量に委ねられるところが大きいため、「経験・技能のある職員」は、就労する事業所によって配分される賃金が異なることになる。また、「経験・技能のある職員」が何人在籍しているかによって、当人だけでなく他職員の賃金にも差がつくしくみである。そのため、経験豊富な職員が確保できない事業所や小規模な事業所には不利益が生じやすい。そもそも、公的な介護サービスを提供する事業所が競い合わなければならないようなしくみではなく、どの事業所に勤務しても安定した賃金を受け取れる体制が必要である。

---

2)　加算対象となる職員の要件は、「介護福祉士の資格を有するとともに、所属する法人等における勤続年数10年以上の介護職員を基本としつつ、他の法人における経験や、当該職員の業務や技能等を踏まえ、各事業者の裁量で設定すること」とされている。賃金改善額は月額8万円以上とされているが、配分の方法については事業所の状況に応じた裁量に委ねられている。

　2021年度の介護労働実態調査（介護労働安定センター 2022b）による、賃金や手当等についての希望では、正規職員・非正規職員ともに、「基本給の引き上げ」が65.4%と最も高く、次いで「賞与（ボーナス）の導入・引き上げ」が48.0%、「能力や仕事ぶりに応じた評価の実施」が38.7%となっている。

　また、労働条件・仕事の負担についての悩み、不安、不満等をたずねたところ、「人手が足りない」が52.3%と最も高く、次いで「仕事内容のわりに賃金が低い」が38.3%となっている。介護保険サービス系型でみると、「人手が足りない」が最も高く、施設系（入所型）は70.8%を占めている。「仕事内容のわりに賃金が低い」は、訪問系31.5%、施設系（入所型）49.4%、施設系（通所型）40.1%、居住系48.3%となっており、施設系・居住系での割合が高くなっている。特に、施設系（入所型）では他の介護保険サービス系と比べて高い割合となっている項目が多く、特に「身体的負担が大きい（腰痛や体力に不安がある）」が46.2%となっている他、「有給休暇が取りにくい」、「業務に対する社会的評価が低い」、「精神的にきつい」、「夜間や深夜時間帯に何か起きるのではないかと不安がある」などの項目が30%以上を占めている。施設では特養の入所要件が、原則として要介護3以上の者と定められていることや、その他の施設においても、要介護度の高い利用者ほど介護報酬が高いため、要介護4・5の者を積極的に入居させることとなり、その結果として介護職員の身体的・精神的な負担が増していることが推察できる。

　また、先に述べたとおり、人材不足とヘルパーの高齢化によって危機的な状況にある訪問介護事業においては、代表的な二つの職能団体から、令和3年度介護報酬改定に対する意見および要望がそれぞれ提出された。日本ホームヘルパー協会からは、訪問介護の重要性と専門性が強調されるとともに、国がこれまで実施してきた介護報酬改定において、基本単価のアップ、介護職員の処遇改善を意図する加算の創設、人材不足を念頭においた生産性向上や事務負担軽減等の取り組みが、訪問介護員を新規に常勤雇用ができる程度の処遇改善や現任の訪問介護員が安心かつ継続して働ける給与の保障にはつながっていないことを指摘、介護報酬の見直し等の要望が出された（社会保障

審議会介護給付費分科会 2020b）[3]。

　このような状況から、多くの介護職員は労働に見合う賃金が支払われているという認識が低く、給与の基本額の水準のアップとともに、その他加算についても専門的な役割を果たしていることに対する適正な評価としての報酬を望んでいることがわかる。労働の特性や人員不足による心身の負担の重さから考えて、根本的な賃金改善を実施しなければ今後の介護人材の確保はさらに厳しいものになることが予測される。

# 4節　生産性の向上と介護サービスの標準化の動き

　2015年以降の介護人材確保政策は、前述した人材構造転換の考え方に加えて、介護職に対するイメージアップ事業、処遇改善加算の改定による賃金改善、介護を志す学生への就学資金の貸付、潜在有資格者への再就職準備金の貸付、介護ロボットやICTの活用推進などの取り組みが実施された。しかし、この間も、介護職員の有効求人倍率は悪化し続け、2015年と2020年を比較すると、施設介護職員は2.60から3.90に、訪問介護員は7.04から14.92となっている。近年の有効求人倍率の推移は図 序-2に示したとおりである。

　2018年の時点では、2025年に必要な介護人材が55万人不足すると推計され（厚生労働省社会・援護局 2018）、4年前の推計を大きく上回ることとなった。国

---

3）　介護報酬に関する要望として、①人材確保や雇用の継続に繋がる給与設定ができる報酬単価の設定、②サービス提供責任者が法で定められた業務を全うできるような加算の創設、③医療依存度の高い利用者へのサービス提供に対する新たな加算の創設、④生活機能向上連携加算の見直し、⑤日祝日・年末年始等の訪問に対する新たな休日加算の創設、⑥新型コロナウイルス対策に関し、訪問介護事業所への継続支援と感染防止に配慮して行った介護サービス提供に関し、新たな加算の創設などがあげられている。

においては、①介護職員の処遇改善、②多様な人材の確保・育成、③離職防止・定着促進・生産性向上、④介護職の魅力向上、⑤外国人材の受入環境整備など総合的な介護人材確保対策に取り組むことが示された。

　また、2040年に向けてさらなる介護ニーズの増大が見込まれる中、介護現場の生産性向上を促進するため、2018年度に「介護現場革新会議」が開催[4]され、基本方針をまとめるとともに、「生産性向上ガイドライン」を作成し、7自治体でパイロット事業が実施された（厚生労働省介護現場革新会議 2018）。

　前述したとおり、人材確保のネックとなる介護職員の賃金は、2014年から2018年までの4年間に、平均で2.6万円増加したものの、全産業平均と比較すると8.7万円低い状況である。不安定な加算ではなく、根本的な処遇改善のために基本報酬のアップを図る必要性が求められる中、2020年2月の「第6回全世代型社会保障検討会議」では、「介護報酬改定だけでこの差を埋めきるのは困難であり、収益改善のため、介護保険事業者の保険外の収入を増やす制度設計が必要」という考えが示され、「介護サービスの生産性の向上」がより具体的に議論されるに至った（内閣官房全世代型社会保障検討会議 2020a）。この「生産性の向上」という考え方は、製造業における Output（成果）と Input（単位投入量）の比率を表すもので、この考え方が介護福祉の業務に導入された。同会議では、「全世代型社会保障改革におけるサスティナブルな介護提供体制の提案」[5]として、2025年には、現在の半分の職員で介護施設の運営を可能とするような圧倒的な生産性向上、品質向上を実現するために、デジタルテクノロジーの活用と規制緩和を大胆に進め、介護現場を革新する必要があるとし、以下の5つの提言が示された。①行政事務効率化：全国統一様式による電子申請化、②データ利活用：ビッグデータの利活用によるエビデンスベースの介護

---

4)　開催の趣旨は、「介護施設においては、現状の人手不足はもとより、将来の支援ニーズの増加に対応して、持続可能性を高める取組が不可欠」とし、「介護職員の負担を軽減し、又は、業務を効率的に進めることで、介護の質を高めつつ、介護職員の離職防止や定着促進を一層進める必要があり、介護現場における効率的な業務運営に係る研究や好事例を把握・分析した上で、それらを介護現場の革新に資する取組として横展開する」と示されている（厚生労働省介護現場革新会議 2018）。
5)　経済同友会代表幹事の櫻田謙悟議員の提出資料である。

報酬体系構築、③公的介護の標準品質の確立：公的介護の標準品質ガイドライン策定、④規制緩和：事業者の創意工夫と投資を促す規制緩和、⑤人員基準見直し：介護施設における人員基準見直しである。

　上記の「ビッグデータ活用によるエビデンスベースの介護報酬体系構築」、「公的介護の標準品質の確立」の取り組みは、すでに実行されつつあり、2021年度の介護報酬改定の中に、「科学的介護推進体制加算」として表れる。科学的に効果が裏付けられた自立支援・重度化防止に資する質の高いサービス提供の推進を目的とし、厚生労働省に、各サービス事業所が、利用者の既往症、ADL、服薬、口腔・栄養状態、認知症などのデータおよびリハビリテーション計画を提出することで、インセンティブとして加算が付くしくみである。厚生労働省はビッグデータを収集・分析し、さらには、医療のデータベースなどとも連携させて、リハビリテーションマネジメントの実態と効果を把握し、データ分析しようとするものである（厚生労働省老健局老人保健課 2021）。

　科学的介護の推進は、PDCAサイクルを働かせ、将来的には、アウトカム評価[6] 等による質の高い介護に対するインセンティブ措置を拡充していくことで、介護のパフォーマンスの向上を期待するという方向性が示されている。提供したケアの内容と、利用者の状態を客観的な指標を用いてみていくことは大切なことである。しかし、科学的介護情報システムの導入の背景に、介護職員の人員配置の削減を含む介護給付費を抑制しようとする動向があり、これをもって、「質の高い介護」が実現するとは考えにくい。

　「科学的介護」は、サービス利用の成果を人工知能で予測し合理的なサービス提供を行おうとするもので、ここで言う「質の高い介護」は、利用者の身体機能改善をすることであり、数値で計測可能な項目によって構成されたも

---

6)　米国の医師・公衆衛生学者であるアベティス・ドナベディアンは、医療の質について、ストラクチャー（構造）、プロセス（過程）、アウトカム（結果）の3要素によるアプローチが妥当であると論じた。①ストラクチャー（専門職の数、資格あるいは医療機関の規模など）、②プロセス（医療内容の適切性、医療従事者の患者に対する接遇など）、③アウトカム（医療によって患者にもたらされた健康状態の変化）。医療や保険医療政策の分野における質の評価においては、ドナベディアンが提唱した上記3要素によるアプローチが広く用いられている。（社会保障審議会介護給付費分科会（第123回）2015）

のである。このような考え方の導入は、第3章で明らかにした、介護の専門性の構築や、介護労働の特性を損なわせる可能性がある。介護を必要とする利用者の生活のしづらさは、身体的な状況だけでなく、精神的・社会的な状況、生活歴や家族背景、経済的な状況などのさまざまな要因が複合的に関わって生じている。介護職は、そのような利用者に対して、人としての尊厳を高め、自己決定に基づいた日常生活が選択できるよう、さまざまな角度からアセスメントし、アプローチしているのである。そのために何より重要なことは、まずは、衣食住といった生活を支える援助を基礎とし、その中から互いの信頼関係を構築していくことが重要となる。そのような関わりにおいては、ケアの提供とそのことによる成果がデータとして可視化することは難しいことも多い。ゆえに、現状の「科学的介護」＝「質の高い介護」とは言い切れないのである。また、介護を必要とする高齢者の多くは経時的な機能低下に加え、疾患の再発や悪化による心身の変調を来たしやすい。インセンティブの考え方により、要介護度の重い利用者や進行性に悪化する疾病を持つ利用者、認知症のためリハビリの目的が理解できない利用者など、状態改善の見込みが低い利用者が選別されるリスク（いわゆるクリームスキミングがおこる）がある。さらに、「標準化」と「成果主義」により、介護職のソーシャルワーク機能および裁量性が一段と希薄になり、創意工夫が欠如した画一的な援助になることで、介護サービスの質の低下や福祉労働の働きがいの喪失が危惧される。

　積極的な業務改善や、AI・ICT・ロボットなどのテクノロジーの活用によって、業務の簡素化・省力化を図ることは、利用者の尊厳を傷つけない範囲において有効なことが多いだろう。しかし、重要なことは、それによって生み出された時間に、利用者と接する時間をいかに増やし、介護目標に沿った介護過程を展開していくかということである。政府は、国が定める人員配置基準は3：1だが、現場の実情は2：1の配置であることを認めつつ、将来的には生産性の向上によって3：1ないし4：1にしていこうという考えを示している（内閣官房全世代型社会保障検討会議 2020b）。センサーを使って利用者の転倒リスクや睡眠状況を別室で感知することができても、転倒しそうになった時に駆

け付けるのは人である。認知症の利用者が眠れない夜に、その人のそばにいて、安全を守りながら安心してもらえる関りを行うのも人である。たとえば、10人の利用者がいるユニット型の施設で3：1〜4：1での人員体制でシフトを組めば、夜勤者、夜勤明け、公休などの職員を除くと、日勤帯は介護職員1人で対応することになる。利用者のケアのため個室に入ってしまえば、共有スペースに介護職員は不在となる。ケア中に他の利用者に呼ばれても対応することは困難である。有給休暇や突発的な病気・アクシデントなどで職員が休めば、たちまち現場は回らなくなる。さらに、常勤換算方式が認められているため、勤務時間や曜日限定のパートタイム職員等が複数いれば、シフト作成はさらに困難となるだろう。

　その他、国は、「元気高齢者」を、ベッドメーキングや配膳、掃除などの間接業務を担う「介護助手」として創出し、人手不足の補充と、高齢者雇用の幅を広げるためのモデル事業を実施している。それらの人の就労を否定するものではないが、大切なことは、それらの人々はあくまでも「作業」としてベッドメーキング、配膳等を行うスタッフであって、「介護職員」のカテゴリーには入らないということである。また、事業所の所在地や地域性によって安定的な人員の確保は保証されないことも想定される。さらに言えば、それらの人材も含め、短時間研修もしくは無資格未経験で入職してくるような、いわゆる「すそ野」の職員たちを、介護福祉士がマネジメントすることが求められているが、このような人員配置と人材で、利用者の安全を守り自己実現を追求していく介護サービスを提供することは極めて負担が重いことが推察される。現場の実態を知り、疲弊を解消するような改革でなければ、介護職員の安定的な確保にはつながらないだろう。

　また、産業界は政策の方向性に連動し、介護現場へのデジタルテクノロジー導入はビジネスチャンス、さらなる規制緩和によって公的介護保険で賄えない部分を自費負担とすることによる利益拡大や、自力では経営が困難となった中小の事業所をフランチャイズにすることなどを想定している。自費負担のサービスの範囲が拡大すれば、必然的に経済的な格差がサービス利用に反

映される事態となる。また、中小の事業所がフランチャイズ化されれば、利益率の少ない地域での事業継続は危うくなり、居住地域によって利用できるサービスの量や質が異なるといった不公平が生じる可能性もある。人材不足を理由に公的責任はますます縮小し、民間企業の活用とそれに伴う経済効果が期待されるなど、社会福祉政策のあり方の変容とともに、介護労働の本質も変容しつつある。

# 5節　本章のまとめ

　介護現場における職員の定着性の低さの要因として、他職種に比べて正規職員の割合が少ないことに加えて、非正規職員の中でも、パートタイマー、派遣、登録型などの多様な雇用形態の者が混在することがあげられる。雇用形態の違いによる就労に対する意識のばらつきが、労働者同士の連帯や支え合いが機能しづらい状況を生み出している可能性がある。また、少ない人員配置の中での非正規職員の労働時間の制約は、正規職員の労働時間や労働内容に影響を与え、正規職員の過重な労働負担や働きづらさにつながっていることが明らかとなった。

　訪問介護事業においては、多くのパートタイムヘルパーや登録ヘルパーによって支えられてきたが、ヘルパーの高齢化と就業希望者の少なさから事業そのものが危機的な状況にある。細切れ介護による働きづらさに加え、訪問介護の専門性を発揮することが制限されることによって、仕事のやりがいや達成感に影響を及ぼしている。

　派遣職員の問題については、介護人材そのものが市場経済の中におかれ、人材派遣業者等によって、社会福祉事業を安定的に運営するために必要な費用が失われる事態が起きている。介護は、職員による知識・技術の蓄積と継

承がなされることで利用者へのケアの質が高まっていく。そのため、短期間契約を前提とした派遣という形態は介護現場にはふさわしいとは言えない。派遣職員を採用しなければ事業運営ができないという現状は、これまでの介護人材確保政策の結果として表れており、人手不足、介護の質の低下、事業運営の悪化、直接雇用職員へのマイナスの影響などの悪循環を生み出している。

　介護報酬の低さと低賃金の問題は、上記のことすべてに関係している。介護職の専門性や価値が適正に評価されていないこと、そのことによる社会的評価の低さが人手不足にも影響を及ぼす。関連職種である医療・保健の専門職同様に、介護職の専門性を認め、基本報酬のアップによる根本的な賃金改善を行わない限り、介護人材の質・量両面の安定的な確保は困難である。

　しかし、現状の政策では、処遇改善加算などによる人材確保に一定の見切りをつける形で、介護サービスに生産性向上と標準化という考え方が導入された。デジタルテクノロジーを活用し、身体状況の改善を重視しインセンティブを与えるという成果主義とその管理主義、介護現場のさらなる人員配置の削減案に見るように、これからの介護保険サービスでは、個々の利用者が抱えるさまざまなニーズや価値観の尊重、利用者の自己決定に基づいた援助を行うことは困難になりつつある。第3章で述べたような介護職の専門性、介護労働の特性を発揮することは求められず、一つひとつの介護行為が作業のように見なされ、介護職員はその作業をこなす労働力として位置づけられようとしている。

終　章

結論と課題

　本研究は、これまでの介護人材確保政策の中で、介護職の専門性および介護労働がどのように捉えられ、位置づけられてきたのか、その歴史的経緯をたどり、深刻な介護人材不足に至った背景や要因を把握してきた。また、介護人材確保政策と密接に関わりながら、変容する養成教育制度と介護保険制度についてもあわせて考察し、介護職が専門性を発揮するための存立基盤がどのように整備されているのかについて、資格制度、権限、労働条件と労働内容の３点に着目し、近年の状況と問題点を明らかにした。本章では、第１章から６章までに述べてきたことから、介護人材確保政策における介護職の専門性と位置づけを、研究課題に基づいて総括的に述べる。

# 1節 人材確保政策における 量的確保とコスト性の優先

　研究課題①の「介護人材確保政策は量的確保が最優先され、質的確保つまり人材養成の考え方に問題があるのではないか。人材養成においては、専門性の高い人材養成よりも、コスト性が優先されてきたのではないか」ということについて検証するために、ホームヘルパーに対する人材確保政策の経緯を見る中で、以下の３点が明らかとなった。

　１点目は、1970年代以降の社会福祉政策の転換の中で、介護人材確保においては公的責任が縮小され、常に人員確保政策の中に人材育成が位置づけられ、量的確保とコスト性が最優先されてきたことが明らかになった。特に「ゴールドプラン」が策定されて以降の1990年代初頭から、量的確保に重点を置き、質的確保については段階的な人材構造とするような、今日の「富士山型」の構造につながる準備が進められていたことが明らかとなった。人材育成政策は、ホームヘルパー全体の専門性向上を図るしくみではなく、一部の者に専

門性を認め、その他の者には高い専門性を求めない階層化が進められた。誰でも気軽に就業できるように、短時間で安価な職員養成のしくみが作られたために、教育背景の異なる多くの介護労働者が生み出された。その結果として、「正規職員化闘争」や自主研究グループなどによる優れた実践の中に萌芽し始めていた専門性、つまり、「利用者・国民の人権保障を実現しようとする」専門性は軽視された。

　介護保険制度が施行されて以降、人員不足・財源不足が深刻化すると、養成研修のハードルはさらに下げられ、より短時間で多くの人員を介護分野に参入させようとする政策が展開されてきた。「富士山型」の人材確保政策は、これまでの階層的な人材確保策と根本的な違いはなく、むしろ、これまでの考え方がさらに鮮明に描き出されたものと言える。介護の職務にあたる上で求められる基本的な知識・技術・倫理といった具体的な水準が一定ではないということは、提供されるサービスの質に差が生じるということであり、その結果、公的サービスとして国民に対する直接的な質保証ができていない状況が生まれている。

　２点目は、在宅介護サービス事業への多元的な事業体の参入と、その非専門性論などによって、介護職場に労働目的が異なる人材が混在する状況が起こり、介護職全体として専門性を構築することが困難なしくみが作り上げられてきたことである。介護職員の賃金については、そもそも「介護は女の仕事」という性別役割分業の考え方や、非正規雇用の低賃金、さらに地域の支え合いの精神に基づくボランティアの混在等によって、公的介護の担い手としての対価を引き下げることとなり、低コストの働き手として位置づけられた。さらに、労働目的や意欲の異なる多様な人材の増加によって、身分保障や処遇改善を求めて運動するような従事者が減少し、介護職全体としての力が弱体化していった。量的確保を強化する、階層的な「富士山型」人材確保政策では、介護職の専門性は確保できないことが明らかになった。

　３点目として、市場原理の導入により、介護サービスが商品化し、効率性・コスト性が優先された。サービス提供も「細切れ」、「駆け足介護」となったこと、

身体介護を重視し生活援助の専門性を軽視する政策が介護報酬にも表れ、そ
れらのことによって担い手の働きがいを見失しなわせるとともに、社会にお
いて介護職員の価値を低く認識させることにつながっていることが明らかと
なった。

---

## 2節　専門性の議論が置き去りにされた　介護福祉士資格創設

　研究課題②の「介護福祉士資格制度が創設されて30年以上経過しているが、
介護現場は深刻な人材不足のため、国家資格保有者だけでなく、多種の養成
教育背景を持つ人材が混在し介護労働者全体の質が問われる状況にある。現
状を招いた要因として、国家資格創設時、介護職の専門性や労働の特性が明
確にされず、曖昧なままスタートしたことが大きく関わっているのではない
か」ということについて検証するために、介護福祉士資格制度創設時の経緯と、
関係者による専門性に関わる議論を振りかえり、今日まで続く状況の引き金
になった問題について以下の3点が明らかとなった。

　1点目として、介護福祉士資格創設の政策側の意図としては、介護需要の
高まりに対するマンパワー不足を補うために民間シルバーサービスを参入さ
せる必要性によるものであり、国家資格を「一定の資質を担保するための規制」
と捉えていたことである。介護職の専門性を認めたうえで国家資格化が進め
られたのではなく、国家資格を作ることによって質を確保しようとするもので
あった。

　2点目は、当時の社会福祉関係者が、介護実践研究や介護理論研究の蓄積、
および専門性の議論が不十分であることを自覚しながらも、国家資格創設に
あたって政策側の意図をほぼ無条件に迎合する態度をとったことである。政

策側の意図とは、介護事業への民間企業の参入促進によって公的責任を縮小させ、介護サービスに市場原理を導入することによって経済効果を期待するものであった。社会福祉をより豊かなものとして高めていくためには、そのような政策に対して、利用者・国民の人権・生存権を保障し改善していくための要求ができる福祉労働者の立場を主張することが極めて重要であった。しかし、資格制度創設に関わった社会福祉関係者は、そのような両者のせめぎ合いが実現できるような価値ある議論はされず、穏便に、かつ速やかに資格が創設されるように政策主体に働きかけた。そのため介護福祉士は、まさに「仏つくって魂入れず」というような状態で、肝心の中身が曖昧なまま作り上げられた結果、国家資格という社会的位置づけはできたが、その内実は、専門性も権限も不明確な名称独占資格として誕生した。賃金や労働条件などにおいても専門的な知識や技能を有する価値ある職員としての処遇にはつながらなかった。「資格取得＝高い専門性のある者として社会に認められること」という当時の介護職員の思いは、資格創設から30年以上経過した今日でも実現していない。

　3点目は、隣接職種との業務内容が重なる部分において、介護職の専門性が明確にできなかったことによって、資格の根幹である教育年限や国家試験制度の決定において、専門職養成としての高い水準を求めることができなかったことである。隣接職種からは、あたかも領地を侵害されるかのような圧力がかかったことや、政府内外での対抗意識や軋轢が足を引っ張り、お互いの専門性を高めていくような働きかけに結びつかなかった。第3章で介護職の専門性の要素として〈理論〉の枠組みを確認した。そこにおいては、介護職はさまざまな生活問題を抱える人を支えるために、社会福祉学の領域としての倫理観と役割意識、相談援助に関する知識などを前提としながらも、隣接する諸領域の知識を学際的にとりこむことが求められている。介護は、人々の人格、死生観、尊厳に極めて深く関わる職業であることから、養成教育においては、学際的で幅広い知識・技術の習得や社会福祉の倫理観の涵養が求められるにもかかわらず、教育年限は看護師より1年少ない2年に抑えられ

たままである。無試験コースが設けられたことも家政婦団体との妥協の結果
である。その後、多種の国家資格取得ルートが長きにわたって続いたこと、
また養成施設卒業者の国家試験義務づけがいまだに実現されていないことも、
この時の妥協が影響しており、他分野の国家資格との比較において価値が低
いものと見られてしまう要因となっている。

# 3節　介護職の専門性と労働特性

　研究課題③の「介護職の専門性とは何か、どのような労働特性を持ってい
るのかということについて、介護職の役割が社会的に認められることや、そ
れにふさわしい養成教育制度や労働環境の整備の必要性を訴えるためには、
この点を明確にすることが重要であるため、先行研究における議論の到達点
を見出す」ということについて以下のとおり整理した。

## （1）介護職の専門性
　専門性の概念の要点は、「理念・目的」、「理論」、「実践の方法・技術」、「手
段的価値」という秋山（2007）の枠組みを用い、その具体的内容を以下のとお
り整理した（表 終-1）。

## （2）介護労働の特性とは
　先行研究の議論から、「介護労働」の特性について以下のことが導き出され
た。
　①介護労働は、モノを生産して販売するような類のものではなく、生産さ
　　れるのは具体的な援助そのものであり、その援助は、創出されると同時
　　に利用によって消費されるということ。

**表 終-1.介護職の専門性の諸要素**

| 要点 | 内容 |
|---|---|
| 〈理念・目的〉 | ・介護の対象は、心身の障害や疾病による生活問題を抱えているだけでなく、その原因もしくは結果としての社会的状況や、さらにそれを背景とした個別の生活基盤の不具合がある人々である。<br>・介護の理念・目的は、それらの人々に対して、<u>生活基盤を整える関わりを通して利用者の生命と尊厳を守り、そのことによって利用者の生きる意欲を高め、利用者固有の生活問題の解決に向けて、利用者とともにその人らしい幸福な生活を追求していくこと。</u> |
| 〈理論〉 | ・<u>社会福祉学の領域としての倫理観と役割認識、相談援助に関する知識と技術、社会福祉制度等の理解等を前提とする。</u><br>・対象者への直接的な実践により生命と生活を守る職業である者として、隣接する看護学、家政学に関する学問領域が含まれる。<br>・介護は人々の<u>人格</u>、死生観、尊厳に極めて深く関わる職業であることから、<u>関連する諸領域（社会学、心理学、哲学、医学、生物学、物理学など）の学際的な取り込みによる幅広い知識と教養の涵養による人間全体の理解が求められる。</u><br>・それらを個別性に応じて応用、統合し、根拠に基づいた介護過程の展開ができることが、介護の理念・目的に基づく理論体系。 |
| 〈実践の方法・技術〉 | ・<u>根拠に基づいた介護計画を立案し、介護目標の達成に向けた意識的な実践。</u><br>・実践の積み上げと分析による<u>理論化</u>、場当たり的な対応や経験値に頼るような対応ではなく、<u>その技術の普遍化。</u><br>・介護実践は、科学的根拠と客観的に裏付けられた手法をもち、その手法を個別化していく技術を持つ。また、予測の上に立ち、悪化防止や緊急事態への適切な対応、および生活障害の悪化を予防する実践である。<br>・人間関係形成技術、生活行為を成立させるための技術、<u>家事機能を維持拡大する生活技術、援助を通してニーズを顕在化させる目配りと鋭い観察力</u>などが求められる。 |
| 〈手段的価値〉 | ・利用者と援助者の「対等性」「個別性の理解」「共感的態度」「自己決定の尊重」「民主主義」「人道主義」「守秘義務」「自己覚知」（社会福祉援助職共通の価値基準）<br>・とりわけ、介護職は、直接援助により、極めてプライバシー性の高い領域に踏みこむ職種である。援助対象者の介護の理念・目的を肝に銘じて、利用者の生命や尊厳を傷つけることがないよう、<u>介護職には一層これらの価値基準、倫理観の涵養が求められる。</u> |

（第3章の先行研究による議論の到達点から、筆者作成）

②他のサービス業と異なる点として、介護労働は、家事や介護という具体的な行為を通して、援助者と利用者という対等な人格が、互いに働きかけ合うことによって互いに成長し、新たな可能性や変化が生まれること。また、それが、介護職員にとって、対人援助職の喜びや働きがいにつながるということ。

③人格に対して働きかける労働であるがゆえに、そのニーズは、多様かつ変化し続けるものであるため、そこに対応する介護労働は、製造業のように機械に置き換えることができない部分が非常に多い労働集約性の高いものであること。

④このような労働特性から、介護サービスを提供する職員については、確かな専門性が養われるような教育が重要であること。および適切な人員の確保が必要であること。

　介護職の専門性についての議論の多くは、介護福祉士国家資格創設を契機になされたものであり、従来の社会福祉の専門性に、介護職を重ね合わせる形で専門性の諸要素として「理念・目的」、「理論」、「実践の方法・技術」、「手段的価値」などが、言わば急ごしらえで語られた。介護福祉士資格創設にあたって養成施設校が創設され、介護を「介護福祉学」として専門的な学問分野として構築する必要があった。資格を作ることでそれらが実現するかのような将来予測は、現状の介護人材の量的・質的確保が困難な状況をみれば、その見通しが甘かったことは明白である。

　今回、介護職の専門性の中身を探求する試みを通して明らかになったことは、急ごしらえであったとしても、その一つひとつの中身は、時代が変化しても揺らぐことのない普遍的なものであった。基本的には、「社会福祉学」の上に立ちながら、その守備範囲はたいへん幅広く学際的で柔軟な枠組みである。時を経ても専門性の中身は変わらないが、それを如何にして蓄積し高めていくのかということ、また、その専門性を発揮させるための基盤を整えていく努力を続けることが必要であることがわかった。また、その努力は介護

職だけでできることではなく、政策側、労働者側双方においてなされなければならない。現状において、介護職の専門性が政策主体だけでなく、社会の多くの人々に十分理解されていない要因はその点にあると考える。資格制度のあり方や権限、労働条件等はそのことに大きな関わりをもつものであり、それを価値あるものとして高める方向に変化させていくことが重要であることが明らかとなった。


# 4節　資格制度・権限・労働条件と労働内容の検討

　研究課題④の「現状の介護人材確保政策および介護保険制度において、介護職の専門性や労働の特性が軽視されているのではないか。利用者本位の介護サービスを実現するにあたっては、その担い手である介護職が専門性を発揮するための条件整備が必要であるということについて検証する」ため、近年の資格制度・権限・労働条件と労働内容に焦点をあて、その整備の状況と問題点を以下のとおり明らかにした。


## 4-1 介護職の資格制度について

　近年の介護職の資格制度は、より短時間で簡素な養成研修の創設によって、極めて階層的、かつ簡略化を図って介護職の量的確保を優先したものへと変容していることが明らかとなった。段階的に上位研修で学べるしくみはあっても、教育の到達点は、本人の働き方や意欲に任せられている。また、養成研修の実施主体の規制緩和や統一性に欠ける学習方法や評価方法なども相まって、養成教育による介護職全体の質の確保は極めて厳しい状況にあり、このような状況から介護職の専門性を高めるためのものとして機能している

とは言い難いことが明らかになった。

　人手不足を理由に、人材育成のハードルが下げられていくことによって、介護職全体の専門性の構築を阻んでいる。そのため、介護福祉士については、国家資格を取得しているということが、真に専門的な援助の実践者として社会に認められることにつながっていない。「富士山型」の人材構造は、一部の者にのみ専門性を求め、その他の者には高い専門性は不要とする考え方である。また、ここで言う高い専門性は、重度者や医療依存度の高い人への対応ができることであると捉えるような、医療モデル的に偏向していると言える。第3章で整理した、介護職の専門性および労働特性を実現するためには、介護職の人材構造は「富士山型」ではなく、むしろ「まんじゅう型」を目指すべきである。

　また、資格制度と関連した職能団体として、日本介護福祉士会やホームヘルパーの団体があるが、それらは、組織率の低さや、それぞれの団体が個別の活動をしていることなどにより、「介護職」全体としての影響力は弱いものとなっている。介護職が専門性を発揮するための労働条件や教育研修制度などについて、政策側に対してより強く要求していくことが必要である。そのためには、各団体が組織の垣根を越えた協力体制または統合を図るなどして、発言力を強化していくことが重要である。

## 4-2 介護職の権限について

　介護職と看護職の業務は、人をケアするということにおいて職種によって分割することができない側面を持つ。一方では、介護職は、社会福祉の対象である生活問題への援助に重点を置くことに対して、看護職は、医師の診療の補助に重点を置くという点で異なる性質を持つ。

　介護職の業務として位置づけられた医療的ケアでは、十分な権限や賃金評価を与えられないまま看護職の補助・補完的な業務を担っていることが明らかになった。さらに、近年の共通基礎課程導入の動向は、地域包括ケアシス

テムの構築を目指す政策を背景として、介護職の「生活問題を支える」という主の部分が弱められ、医療を支える方向に押し流されている傾向があることが明らかになった。今後、業務範囲の拡大や他職種との業務の重複がさらに進むことが予測される中、原点である「社会福祉の対象としての生活問題」への援助を中核とした学際的な専門職としての固有性が発揮されるように、積極的に議論に関わっていくことが必要である。

## 4-3 労働条件と労働内容について

介護現場における職員の定着性の低さの要因として、他職種に比べて正規職員の割合が少ないことに加えて、非正規職員の中でも、パートタイマー、派遣、登録型などの多様な雇用形態の者が混在することがあげられる。雇用形態の違いによる就労に対する意識のばらつきが、労働者同士の連帯や支え合いが機能しづらい状況を生み出している可能性がある。また、少ない人員配置の中での非正規職員の労働時間の制約は、正規職員の労働時間や労働内容に影響を与え、正規職員の過重な労働負担や働きづらさにつながっていることが明らかとなった。

特に、訪問介護事業においては、多くのパートタイムヘルパーや登録ヘルパーによって支えられてきたが、ヘルパーの高齢化と就業希望者の少なさから事業そのものが危機的な状況にある。細切れ介護による働きづらさに加え、訪問介護の専門性を発揮することが制限されることによって、仕事のやりがいや達成感に影響を及ぼしている。

派遣職員の問題については、介護人材そのものが市場経済の中で商品のように扱われ、人材派遣事業等よって、社会福祉事業を安定的に運営するために必要な費用が失われる事態が起きている。短期間契約を前提とした派遣という労働形態は、職員による知識・技術の蓄積と継承がなされず利用者へのケアの質の向上を困難にする。派遣職員を採用しなければ事業運営ができないという現状は、これまでの介護人材確保政策の結果として表れており、人

手不足、介護の質の低下、事業運営の悪化、直接雇用職員へのマイナスの影響などの悪循環を生み出している。

　また、現状の政策では、介護サービスに生産性向上と標準化という考え方が導入された。デジタルテクノロジーを活用し、身体状況の改善を重視しインセンティブを与えるという成果主義とその管理主義が推進されている。介護現場のさらなる人員配置の削減案に見るように、これからの介護保険サービスでは、個々の利用者が抱えるさまざまなニーズや価値観の尊重、利用者の自己決定に基づいた援助の実現が困難な状況になりつつある。第3章で述べたような介護職の専門性、介護労働の特性を発揮することは求められず、一つひとつの介護行為が作業のように見なされ、介護職員はその作業をこなす労働力として位置づけられようとしていることが明らかとなった。

## 4-4 専門職としての介護職の存立基盤にかかわる課題

　以上のことから、これまでの人材確保政策および介護保険制度の中で、介護職の専門性を発揮するための存立基盤としての資格制度、権限、労働条件と労働内容が、適切に整備されていないことが明らかとなった。また、それが今日の厳しい人材不足問題の要因となっていることも明らかとなった。それらのことを踏まえて、今後、再検討されるべき課題を以下に述べる。

①介護職種内の資格ごとの職務範囲の制限と、仕事の内容に見合った待遇の違いの明確化

　近年創設された「生活援助従事者研修（59時間）」や「入門的研修（21時間）」といった極めて短時間の養成研修修了者は、介護職員のカテゴリーに入れることを前提としないことにする、もしくは早急に養成を中止すべきである。そのうえで、国家資格である「介護福祉士」と、実務経験ルートの者が国家試験を受験するための補足的な研修としての「実務者研修（450時間）」、および、その一段階下の資格として「介護職員初任者研修（130時間）」の3つに整理すること。

　現任者の状況を考えるとすぐに資格制度を転換するのは困難だとしても、猶予期間を設けたうえで介護職内の資格ごとの職務範囲の制限と、仕事の内容に見合った待遇の違いを明確にし、介護職員が自発的に上位資格を取りたいと思えるようなしくみを整備することで底上げを図っていくことが必要である。この場合、隣接職種の看護職が参考にできる。看護職の場合にも、看護師と准看護師が存在するが、給与水準や権限の違いが明確にされている。准看護師は「医師または看護師の指示を受けて仕事をする者」と規定されており、准看護師がいかに経験豊かな者であっても、看護師とペアでなければ夜勤をすることができない、管理職につけない、新人への教育や指示ができないなど、権限の違いが明確である。日本看護協会はかねてより准看護師養成を廃止し、看護師資格に統廃合することを訴え続けている。日本医師会や厚生労働省が准看護師養成廃止には反対の立場をとっていることから実現はしていないものの、准看護師養成学校と入学者数は年々減少し、入学者数はここ20年で年約4分の1になっている（日本看護協会 2021a）。このような看護職の動向は介護職にも参考にできることが多いと思われる。

## ②介護する「場」や「対象」の特性を重視した「横の拡がり」のある教育・研修システムの構築

　近年の生活援助従事者研修（59時間）や入門的研修（21時間）の創設は、短期間養成にみる質の担保の不安だけでなく、在宅介護と施設介護にあたる職員の線引きが非常に曖昧である。この2つの養成研修は、その内容や時間に大きな違いがないにもかかわらず入門的研修修了者は訪問介護には従事できないという縛りがある。訪問介護は基本的に一人で利用者の居宅での介護を行うため、入門的研修修了者にはハードルが高いという考えに基づくものだが、従事可能とされる介護施設では、要介護度の高い人や、重度の認知症の利用者への対応が求められる。また、なにより、24時間365日、利用者を預かる施設においては、近年の虐待事件などにみるように、福祉労働者としての高い倫理観が求められるため、この点においても十分な教育の時間が必要

である。さらに、現状の3：1の人員配置基準の中で、ぎりぎりの人数で勤務シフトを組んでいる職場が多く、新入職員への教育が十分行えず、短期間で離職していく者が絶えないことも明らかになっている。つまり、施設介護なら複数の職員がいるから入門的研修修了者でも不安なく働けるという考え方自体が成り立たない状況にある。一方で、入門的研修よりも長時間のカリキュラムを履修している生活援助従事者研修修了者は、身体介護はさせず、もっぱら生活援助に従事させることを目的としていることにも矛盾がある。そもそも、家事援助ならやらせてもよいだろうという考え方が、生活援助軽視の政策を浮き彫りにしている。

　在宅介護現場も、近年では医療依存度の高い利用者への対応や在宅での看取り、生活機能向上のためのリハビリ職員との連携など、ヘルパーに求められる役割が拡大している。身体介護には介護福祉士をあて、生活援助にはそれ以外の者をあてるというような考え方は利用者の日常生活の流れを、職員側の理由で分断することにつながる。そのような分断の考え方ではなく、在宅介護の特性を踏まえた教育内容の見直しや、在宅介護に特化した別立ての研修制度なども検討する必要があると考える。これも看護職の例であるが、日本看護協会では、訪問看護師として従事する者のために「訪問看護師養成講習会」を実施し、訪問看護に特化した知識の習得ができるしくみを作っている。訪問看護だけではなく、福祉施設等の職員向けの「介護施設における看護職のための系統的な研修プログラム」を創設しており、看護師が働く「場」に応じて機能強化ができることを目指している（日本看護協会 2021b）。つまり、医療機関しか経験のない看護師が、在宅や施設で働く場合に、スムーズにかつ、一定の知識を習得することで安心して移行ができるような環境づくりに努めているということである。このような方法は、介護職においても十分参考にできるものである。近年のヘルパーの人材不足は一層深刻になっている。身体介護と生活援助という業務の切り分けがされたうえ、身体介護には介護福祉士をあてて、生活援助にはそれ以外の職員をあてるという考え方が示されているが、むしろ「業務の縦割り」ではなく、介護する「場」や「対象」

の特性を重視した「横の拡がり」のある教育・研修システムの構築を検討することが今後の課題であると考える。そうすることによって、より専門性の高い介護実践が行える人材育成となり、利用者にとって有益であることはもちろん、介護職員にとっても自分の職務に誇りややりがいを持つことにつながるのではないだろうか。

### ③自律性のある業務範囲の拡大とその対価の保障

　医療的ケアの導入や、共通基礎教育の検討が進む中、介護職の資格と権限も変節の時期に来ている。今後は共通基礎科目の履修だけでなく、職種間の業務範囲の拡大や相互の乗り入れが進むことも予想される。介護職は、現状は不安定だが先行きに期待が持てる職業となるのか、反対に、この先も見通しが立たない職業となるのか、今その岐路に立っている。業務範囲の拡大や共通基礎課程の議論については、社会福祉領域にある介護職の専門性を脅かすものとして消極的に対応するのではなく、すべての分野において労働者が減少していく状況も踏まえ、ケアに関わる複数の職種で利用者の生命・生活をより高い水準で支えるためのしくみを支えるものと捉え、その中で他職種との協働における介護職の責任、権限の範囲について主体的に参画して議論していくべきである。

　第3章で、整理した介護職の専門性の要素の一つである、〈理論〉枠組みには、介護は極めて幅広い範囲での学際的な取り込みが必要とされており、その視点に立てば、他分野との業務内容の重複は当然あり得ると考えることができる。それは単に職域の拡大によって権限を増すということではなく、それぞれの業務において、看護職との同質性に見るように、他分野との同質性や重複点を理解したうえで、介護職の原点である「社会福祉の対象としての生活問題」への援助を実現していかねばならない。地域包括ケアシステムの構築が推進される中、介護職においては、「生活問題を支える」という主の部分が弱められ、医療を支える方向に押し流されている傾向がある。現状は、「医療的ケア」が介護職の業務に追加されているが、これは前述したようにあく

までも医療職（主に看護職）の補助として行為の一部分を低賃金で担わされていると見ることができる。他職種の補助的な立ち位置ではなく、また、あれもこれもできる便利な人員としてではなく、介護職の専門性を中心に据えたうえで、自律性をもった業務範囲の拡大でなければならない。今後の職種間の人材の流動化を見据えて、介護職が自律性をもって他職種と協働していくためには、看護職との同質性や重複点を持ちながらも、原点である「社会福祉の対象としての生活問題」への援助を中核とした学際的な専門職としての固有性が発揮されなければならない。

　また、「医療的ケア」のように利用者の生命に関わる業務を担うということは、同時に介護職員も相応のリスクを背負うことになる。医療職の賃金が高いのは、その点が考慮されたうえのことであるが、現状ではその点においても介護職に対する賃金面での評価がなされていない。今後、さらに業務内容および権限の拡大が進む場合には、同時に責任の範囲とリスクも大きくなることを考慮し、それに見合った賃金の保障がなされなければならない。

### ④労働特性に見合った人員配置基準と専門性の適正な評価

　利用者の福祉ニーズは多様であり、個別の心身状況等によって成果がデータでは可視化できない場合も多い。そのような人にこそ、自分たちが提供している介護サービスが適切かどうか、チームでアセスメントし、プランの見直しと実践を繰り返すことが重要である。利用者にとってより望ましい生活を実現するための実践を追求することにこそ専門性が発揮され、その意義が認められるべきである。

　このような状況を改善するためには、いかにデジタルテクノロジーが導入されようとも、現在の人員配置基準の3：1は最低でも死守しなければならない。デジタルテクノロジーの導入は、効率化が可能な「作業」の部分を代替えするために使われるべきであり、それによって今以上の人員削減がなされてはならない。大切なことは、効率化によって生み出される時間を、いかに利用者との関わりにあてるかということである。そして、目に見える成果が出

にくい利用者、たとえば、重度の要介護者や認知症が進行した利用者に対する介護実践の中にある価値が適正に評価されることも必要である。その評価は、利用者の生命と尊厳を守る視点から、心身状態・社会的背景等を丁寧にアセスメントし、個別性のある援助計画立案と目標に沿ったケア、チーム内でのこまめなカンファレンスや情報共有によるプランの点検あるいは見直しといった一連の介護過程からなされるべきである。

　そのためには、まずは常勤換算方式による人員配置基準を見直し、正規職員の割合を高めることで細切れの労働力で現場をつなぐような不安定な状況を改善する必要がある。そのことによって、適正なバランスでの業務分担の実現や、チーム内の良好な人間関係の構築、優れた知識・技術の蓄積や継承が可能となる。また、介護職の専門性や価値が適正に評価され賃金に反映されることは上記すべてのことにも関連しており、介護職の定着性を促すことにつながる。基本報酬のアップによる根本的な賃金改善を行い、ともに働く医療・保健分野の専門職と遜色のない処遇を実現することが、介護人材の質・量両面の安定的な確保のために重要である。

# 5節　残された課題

　本研究は、これまでの介護人材確保の経緯を丁寧にたどるために、時間軸に沿って政策動向がわかる各種審議会議事録や資料、報告書、指針、厚生白書などを通して捉えるとともに、その当時の関係者の議論や研究蓄積を収集して分析を行い、1960年代から今日までの半世紀以上の歴史的経緯の把握と問題の所在を明らかにすることができた。

　しかし、対象とした年代の幅が長期間であったため、時系列において特徴的な動向を掴むことはできたが、縦軸ではなく横軸の拡がりを持たせること

には限界があった。

　まず、介護人材確保政策の経緯においては、在宅介護のヘルパーに対する政策に焦点をあてたが、一方で施設介護を支えてきた寮母を対象とした政策経緯には詳しく触れることができていない。ヘルパーに焦点をあてた理由は、第1章で述べたとおり、ともすれば家族介護の延長や代替と見なされ、職業としての専門性が曖昧にされやすく、人材確保政策の意図がより顕れやすいと考えたからである。しかし、終章で提案したように、今後の介護職員への教育・研修制度においては、介護する「場」の違いや「対象」の違いに特化した知識・技術の習得などの「横の拡がり」を持つことが有用であると考えており、そのためには、施設介護に関する政策の経緯と関係者の動向をたどることによって、在宅介護との異同の把握や問題点の分析が必要である。今後の課題としたい。

　その他、今回の研究において十分探求することができなかった点として、以下のことがある。第1章で、介護職の低賃金労働の根底には、性別役割分業として「介護」を含む「ケア」自体が「女性の仕事」と捉えるジェンダー認識の問題があることについて触れたが、本稿ではそれ以上に掘り下げることができていない。この視点からの分析については先行研究のレビューを丁寧にしたうえで捉え直してみたい。

　また、今回は文献研究という方法をとったため、あくまでも公的な資料や既存の調査等によるデータからの分析にとどまっている。問題の所在と改善を探求するためには、介護職員自身の思いを把握することが欠かせない。今後の課題として、今回の研究でのキーワードである「介護職の専門性・介護労働の特性」について、介護職員がどのように捉えているのかということについて、聴き取り調査を実施したい。第3章では、先行研究の到達点から「介護職の専門性」の諸要素と介護労働の特性について明らかにすることができた。そして、それらの内容は、時代が変わっても揺らぐことのない普遍的なものであった。しかし、変容し続ける介護保険制度や介護職員養成制度、今後の業務範囲の拡大の可能性など介護職を取り巻く環境は揺れ続けている。

このような環境にあって現場の職員の認識はどのようなものか、また、今回の研究結果が現場の職員の認識と整合性があるのか、そうでないとすれば、その要因は何か等、踏み込んだ調査を行いたい。

〈引用・参考文献〉
・阿部實（1988）「社会福祉士及び介護福祉士法の制定と福祉専門教育の将来展望」『月刊福祉』、71（9）、68-73
・相澤譲治（1989）「第3章 介護の援助機能」、岡本民夫、久垣マサ子、奥田いさよ編、『介護概論』、川島書店
・秋山智久（1987）「『社会福祉士及び介護福祉士法』法制化の過程と課題」『月刊福祉』、70（9）、52-59
・秋山智久監修（2007a）『社会福祉士及び介護福祉士法成立過程資料集第1巻—成立過程資料』、近現代資料刊行会
・秋山智久（2007b）「社会福祉専門職の研究」、ミネルヴァ書房
・藤原芳朗（2006）「第5章 介護福祉思想と介護福祉の専門性」、一番ヶ瀬康子・黒澤貞夫監修、『介護福祉思想の探求—介護の心のあり方を考える—』、ミネルヴァ書房
・古川孝順（1988）「序章 介護福祉と政策課題」、古川孝順・佐藤豊道・奥田いさよ編集、『介護福祉』、有斐閣
・原田由美子（2008）「介護保険制度におけるホームヘルパーの裁量権に関する研究」『介護福祉学』15（2）、161-171
・ホームヘルパー全国連絡会HP（2001）「設立趣意書」（2021年12月4日取得、http://mdnjp.net/helper/#shuisho）
・井上千津子（2000）「第1章 介護福祉の概念」一番ヶ瀬康子監修、日本社会福祉学会編、『新・介護福祉学とは何か』、ミネルヴァ書房
・石田一紀（2004）『介護福祉労働論』、萌文社
・石田一紀（2015）『介護労働の本質と働きがい』、萌文社
・石橋亜矢・裵孝承（2021）「介護老人福祉施設における医療的ケアを実施する介護職の現状と課題」『長崎国際大学論叢』、2巻、111-119
・石川高司・井之上尚美・岡村友美・山元優子・高橋信行（2021）「職能団体である介護福祉士会の入会率の低さに関する一考察—アンケート調査から理由を探る—」、『地域総合研究』、49（1）、51-63
・石川由美（2011）「介護福祉士を基礎職種とする介護支援専門員の職務認識」、『高知女子大学紀要　社会福祉学部編』、60、125-141
・石倉康次（2021）『まなざしとしての社会福祉』、北大路書房
・一番ヶ瀬康子（1997）「1章 介護福祉職に今何がもとめられているか—介護福祉職専門職の役割」、一番ヶ瀬康子監修、日本介護福祉学会編、『介護福祉職にいま何が求められているか』、ミネルヴァ書房
・一番ヶ瀬康子監修、日本介護福祉学会編（2000）『新・介護福祉学とは何か』、ミネルヴァ書房
・ジョブズリサーチセンター（2019）「アルバイト・パート募集時平均時給調査」、2019年8月度、（2021年8月25日取得、https://jbrc.recruit.co.jp/data/research/）
・株式会社コモン計画研究所（2021）「介護現場における介護過程実践の実態調査及び効果検証に関する調査研究事業」、（2021年8月12日取得、https://www.comon.jp/dl/2106_all.pdf）

・介護福祉士養成講座編集委員会（2019）『最新介護福祉士養成講座15 医療的ケア』、中央法規出版、2019年
・介護福祉士養成施設協会（2020）「入学定員・入学者数の推移」、（2020年12月31日取得、http://kaiyokyo.net/news/r2_teiin_juusoku.pdf）
・介護労働安定センター（2006）「平成17年度介護労働実態調査—ホームヘルパーの就業実態と就業意識調査結果概要」、（2020年12月30日取得、http://www.kaigo-center.or.jp/report/h17_chousa_04.html#t2）
・介護労働安定センター（2020）「令和元年度介護労働実態調査の結果について」、（2021年7月5日取得、http://www.kaigo-center.or.jp/report/pdf/2020r02_chousa_kekka_0818.pdf）
・介護労働安定センター（2021）「令和2年度介護労働実態調査—事業所における介護労働実態調査結果報告書」、（2022年10月13日取得、http://www.kaigo-center.or.jp/report/pdf/2021r01_chousa_jigyousho_kekka.pdf）
・介護労働安定センター（2022a）「令和3年度介護労働実態調査 —（事業所調査）事業所における介護労働実態調査結果報告書」、（2022年11月4日取得、2022r01_chousa_cw_kekka.pdf（kaigo-center.or.jp）
・介護労働安定センター（2022b）「令和3年度介護労働実態調査—（労働者調査）介護労働者の就業実態と就業意識調査結果報告書」、（2022年11月4日取得、2022r01_chousa_cw_kekka.pdf（kaigo-center.or.jp）
・閣議決定（1979）「『新・経済社会7カ年計画』について」、昭和54年8月10日、（2020年11月14日取得、http://www.ipss.go.jp/publication/j/shiryou/no.13/data/shiryou/souron/8.pdf）
・閣議決定（2016）「ニッポン一億総活躍プラン」、平成28年6月2日、（2023年1月24日取得、https://warp.ndl.go.jp/info:ndljp/pid/12365920/www8.cao.go.jp/shoushi/shinseido/meeting/kodomo_kosodate/k_28/pdf/s7-3.pdf）
・金井一薫（1998）『ケアの原形論』、現代社
・金井一薫（2004）『KOMI理論—看護とは何か、介護とは何か—』、現代社
・柏葉英美・阿部明子（2019）「介護保険施設等における医療的ケアに対する職員の認識と課題—看護職および介護職のアンケート調査からの分析—」『岩手県立大学社会福祉学部紀要』、第21巻、1-10
・仮称「日本介護福祉士会」設立準備会幹事（1993）「仮称『日本介護福祉士会』設立準備
・会開催される」、『月間福祉』、76（11）、78-81
・加藤薗子（2004）「『転換期の社会福祉』と社会福祉研究の課題—21世紀に何を引継ぎ、切り拓くか—」『立命館産業社会論集』、40（1）、5-26
・河合克義編著（1998）『ホームヘルプの公的責任を考える—多面的徹底解明』、あけび書房
・北村喜宣（1989）「『社会福祉士及び介護福祉士法』の立法過程」『季刊社会保障研究』、25（2）、176-188
・鴻上圭太（2008）「介護専門職における専門職性についての一考察」、大阪健康福祉短期大学紀要、第7号、175-183
・国立社会保障・人口問題研究所（2005）「日本社会保障資料IV老人福祉」（2020年11月14日取得、http://www.ipss.go.jp/publication/j/shiryou/no.13/data/kaidai/16.html）

・厚生白書（昭和37年度版）（1962）「第2章老齢人口の増加と老後の保障、3. 老人の福祉」、（2021年8月3日取得、https://www.mhlw.go.jp/toukei_hakusho/hakusho/kousei/1962/dl/03.pdf）
・厚生白書（昭和38年度版）（1963）「第10 老人の福祉、2-（2）老人ホームへの収容」、（2020年12月30日取得、https://www.mhlw.go.jp/toukei_hakusho/hakusho/kousei/1963/dl/11.pdf）
・厚生白書（昭和38年度版）（1963）「第10 老人の福祉、2-(4)老人家庭奉仕員による世話」、（2020年12月30日取得、https://www.mhlw.go.jp/toukei_hakusho/hakusho/kousei/1963/dl/11.pdf）
・厚生白書（昭和46年度版）（1971）「第4章 老人の福祉、1-4老人と健康の問題」、（2020年12月30日取得、https://www.mhlw.go.jp/toukei_hakusho/hakusho/kousei/1971/dl/17.pdf）
・厚生白書（昭和46年度版）（1971）「第4章 老人の福祉、2-3ひとり暮らし老人のための対策」、（2020年12月30日取得、https://www.mhlw.go.jp/toukei_hakusho/hakusho/kousei/1971/dl/17.pdf）
・厚生白書（昭和47年度版）（1972）「第3章 老人の福祉、3-1ねたきり老人のための対策」、（2021年11月11日取得、https://www.mhlw.go.jp/toukei_hakusho/hakusho/kousei/1972/dl/15.pdf）
・厚生白書（昭和52年度版）（1977）「第4編 社会福祉の増進、第3章 老人の福祉、第1節 概説」、（2020年11月14日取得、https://www.mhlw.go.jp/toukei_hakusho/hakusho/kousei/1977/）
・厚生労働白書（平成27年版）（2015）「人口減少社会を考える、複数のサービスのコーディネート」、（2021年11月19日取得、https://www.mhlw.go.jp/wp/hakusyo/kousei/15/backdata/01-02-02-008.html）
・厚生労働省（2021）「職業安定業務統計、一般職業紹介状況」、（2022年10月13日取得、https://www.mhlw.go.jp/stf/newpage_18223.html）
・厚生労働省HP（2011）「介護福祉士養成施設等における『医療的ケアの教育及び実務者研修関係』」「制度改正の概要」（2021年8月19日取得、https://www.mhlw.go.jp/seisakunitsuite/bunya/hukushi_kaigo/seikatsuhogo/care/dl/care_16.pdf）
・厚生労働省HP（2022）「第24回介護支援専門員実務研修受講試験の実施状況について」、（2022年11月4日取得、https://www.mhlw.go.jp/stf/seisakunitsuite/bunya/0000187425_00008.html）
・厚生労働省保険局（2020）「基本診療料の施設基準等及びその届出に関する手続きの取扱いについて」、令和2年3月5日、（2021年8月4日取得、https://www.mhlw.go.jp/content/12400000/000603890.pdf）
・厚生労働省介護現場革新会議（第1回）（2018）「資料2 厚生労働省説明資料」、平成30年12月11日、（2021年8月25日取得、https://www.mhlw.go.jp/content/12301000/000453332.pdf）
・厚生労働省老健局（2019）「総合福祉研究会 第35回全国大会 東京大会、令和元年11月8日、分科会1 資料 介護保険をめぐる最近の動向、介護職員数の推移」、（2020年12月28日取得、https://www.sofukuken.gr.jp/wordpress/wp-content/uploads/2019/11/bunkakai1_2019.pdf）
・厚生労働省老健局（2021）「介護保険制度の概要」、（2021年11月11日取得、https://www.mhlw.go.jp/content/000801559.pdf）
・厚生労働省老健局老人保健課（2019）「2019年度介護報酬改定について ～介護職員の更なる処遇改善～」、（2021年11月28日取得、http://kaiziren.or.jp/assets/pdf/pr_20190808.pdf）
・厚生労働省老健局老人保健課（2021）「介護保険最新情報」、令和3年3月16日、Vol.935、（2021年8月25日取得、https://www.wam.go.jp/gyoseiShiryou-files/resources/b044b07b-9cf7-4ce3-

984d-eabd4e761357/介護保険最新情報Vol.13.pdf）

・厚生労働省老健局振興課介護保険指導室（2007）「介護保険最新情報Vol.13、株式会社コムスンの不正行為への対応等に係る記者発表について」、平成19年6月6日、（2020年11月14日取得、https://www.wam.go.jp/gyoseiShiryou-files/resources/b044b07b-9cf7-4ce3-984d-eabd4e761357/%E4%BB%8B%E8%AD%B7%E4%BF%9D%E9%99%BA%E6%9C%80%E6%96%B0%E6%83%85%E5%A0%B1Vol.13.pdf）

・厚生労働省社会・援護局（2007）「社会福祉士及び介護福祉士法等の一部を改正する法律案について」、平成19年3月、（2021年7月13日取得、https://www.mhlw.go.jp/topics/bukyoku/soumu/houritu/dl/166-13a.pdf）

・厚生労働省老健局振興課長通知（2017）「介護員養成研修の取扱細則について（介護職員初任者研修・生活援助従事者研修関係）」、平成29年12月18日、（2021年8月19日取得、https://www.mhlw.go.jp/file/06-Seisakujouhou-12300000-Roukenkyoku/kaigoinnyouseikennsyuu.pdf）

・厚生労働省社会・援護局福祉基盤課長通知（2018）「介護に関する入門的研修の実施について」、平成30年3月30日、（2021年8月19日取得、https://www.mhlw.go.jp/content/12000000/000465981.pdf）

・厚生労働省社会・援護局社会福祉事業等の在り方に関する検討会（1997）「社会福祉の基礎構造改革について（主要な論点）」、平成9年11月25日（2020年11月14日取得、https://www.mhlw.go.jp/www1/shingi/s1125-2.html）

・厚生労働省社会・援護局福祉基盤課福祉人材確保対策室（2012）「実務者研修認定ガイドライン」、平成24年5月（2021年8月19日取得、https://kouseikyoku.mhlw.go.jp/shikoku/gyomu/gyomu/iryoanzen/documents/007_2.pdf）

・厚生労働省社会・援護局福祉基盤課福祉人材確保対策室（2018）「別紙1 第7期介護保険事業計画に基づく介護人材の必要数について」、（2021年8月25日取得、https://www.mhlw.go.jp/stf/houdou/0000207323.html）

・厚生労働省社会・援護局福祉基盤課福祉人材確保対策室（2021）『第8期介護保険事業計画に基づく介護職員の必要数について』、（2021年7月5日取得、https://www.mhlw.go.jp/content/12004000/000804129.pdf）

・厚生省社会・援護局長・厚生省老人保健福祉局長・厚生省児童家庭局長通知（1995）「ホームヘルパー養成研修事業の実施について」平成7年7月31日、（2021年11月11日取得、https://www.ipss.go.jp/publication/j/shiryou/no.13/data/shiryou/syakaifukushi/544.pdf

・厚生労働省社会・援護局今後の介護人材養成の在り方に関する検討会（2011）「資料1-2、今後の介護人材養成の在り方について（報告書）〜介護分野の現状に即した介護福祉士の養成の在り方と介護人材の今後のキャリアパス〜」、平成23年1月20日、（2020年11月14日取得、https://www.mhlw.go.jp/stf/shingi/2r98520000010pzq-att/2r98520000010qse.pdf）

・厚生労働省社会・援護局（2011a）「介護サービスの基盤強化のための介護保険法等の一部を改正する法律の公布 について（社会福祉士及び介護福祉士関係）」、平成23年6月22日、（2021年11月11日取得、https://www.mhlw.go.jp/seisakunitsuite/bunya/hukushi_kaigo/seikatsuhogo/tannokyuuin/dl/2-2-2.pdf）

・厚生労働省社会・援護局（2011b）「社会福祉士及び介護福祉士法の一部を改正する法律の施行について（喀痰吸引等関係）」、平成23年11月11日、（2021年11月11日取得、https://www.fukushihoken.metro.tokyo.lg.jp/kourei/hoken/tankyuuin.files/48_1111tuuchi_25312.pdf）

・厚生労働省「我が事・丸ごと」地域共生社会実現本部（2019）「『地域共生社会』の実現に向けて（当面の改革工程）」、平成29年2月7日、（2021年11月20日取得、https://www.mhlw.go.jp/stf/seisakunitsuite/bunya/0000184346.html）

・古瀬徹（1987）「ケアワーカーの専門性と独自性─『介護福祉士』創設の意義と今後の課題」『社会福祉研究』、38-43

・黒川昭登（1989）『現代介護福祉論─ケアワークの専門性』誠信書房

・黒澤貞夫（2006）「第1章 現代の介護福祉を考える」、一番ヶ瀬康子・黒澤貞夫監修、『介護福祉思想の探求─介護の心のあり方を考える─』、ミネルヴァ書房

・京極高宣（1987）「社会福祉の専門性について─『社会福祉士及び介護福祉士法』成立後の課題─」『月刊福祉』、70（9）、42-51

・京極高宣（1998）『少子高齢社会に挑む』、中央法規出版

・京極高宣（2007）「福祉人材確保の歴史と社会福祉士・介護福祉士の今後」『月刊福祉』、90（2）、12-17

・マイナビキャリアリサーチLab（2022）「2021年12月度アルバイト・パート平均時給レポート」、令和4年1月18日、（2022年11月4日取得、https://career-research.mynavi.jp/research/20220118_21861/）

・丸山美知子（1993）「介護福祉士専門職能団体の設立の必要性」『月刊福祉』、76（10）46-49

・松倉正司・松家幸子・稲葉峯雄・水民婦而子（1986）「寮母にとって資格とは　座談会」『老人福祉』、通号73、47-57

・三菱UFJリサーチ＆コンサルティング（2016）「地域包括ケアシステム構築に向けた制度及びサービスのあり方に関する研究事業報告書　〈地域包括ケア研究会〉地域包括ケアシステムと地域マネジメント」、2016年3月、（2021年12月4日取得、https://www.mhlw.go.jp/file/06-Seisakujouhou-12400000-Hokenkyoku/0000126435.pdf）

・宮本恭子（2020）「介護人材確保と労働者派遣」、『社会文化論集』、16、23-58

・森川美絵（2015）『介護はいかにして「労働」となったのか─制度としての承認と評価のメカニズム─』ミネルヴァ書房

・森幹郎（1972）「ホームヘルプサービス─歴史・現状・展望─」『季刊社会保障研究』、8（2）、31-39

・村田久行（1997）「第9章 介護の価値をどう考えるか 3.介護福祉教育の三つの柱」、一番ヶ瀬康子監修、日本介護福祉学会編、『介護福祉職にいま何が求められているか』ミネルヴァ書房

・内閣官房全世代型社会保障検討会議（第6回）（2020a）「資料3 全世代型社会保障改革におけるサスティナブルな介護提供体制の提案」、令和2年2月19日、（2021年8月25日取得、https://www.kantei.go.jp/jp/singi/zensedaigata_shakaihoshou/）

・内閣官房全世代型社会保障検討会議（第6回）（2020b）「資料1 基礎資料」、令和2年2月19日、

（2021年11月25日取得、https://warp.ndl.go.jp/info:ndljp/pid/12251721/www.kantei.go.jp/jp/singi/zensedaigata_shakaihoshou/dai6/siryou1.pdf）

・中井健一（2000）「続・戦後日本社会福祉論争：その2 社会福祉『改革』論批判」『岐阜大学地域科学部研究報告』、no.7、81-94

・中嶌洋（2007）「わが国の介護福祉士制度の一源流―兵庫県における福祉介護士認定制度（1986年）の歴史的意義の考察―」『介護福祉学』、14（2）、151-162

・成清美治（2016b）「介護福祉士の専門職化と養成の課題」『神戸親和女子大学福祉臨床学科紀要』、13号、99-115

・成清美治（2016a）「地域包括ケアシステムと介護人材の養成―デンマークとフィンランドを参考にして―」『神戸親和女子大学大学院研究紀要』、第12巻、35-49

・日本学術会議社会福祉・社会保障研究連絡委員会（1987）「社会福祉におけるケアワーカー（介護職員）の専門性と資格制度について（意見）」昭和62年2月25日、（2020年11月14日取得、https://www.ipss.go.jp/publication/j/shiryou/no.13/data/shiryou/syakaifukushi/312.pdf）

・日本ホームヘルパー協会HP（2021）「ヘルパー憲章」、（2021年12月4日取得、https://www.n-helper.com/kensyou）

・日本医師会総合政策研究機構、前田由美子・福岡県メディカルセンター保健・医療・福祉研究機構（2004）「介護サービス事業所の運営実態と拠点展開―『株式会社』を中心に―」『日医総研ワーキングペーパー』、No.101

・日本介護福祉士会（2015）「『介護の仕事の社会的な意義と魅力』の整理とイメージアップ戦略のあり方についての調査研究報告書」、平成27年3月、（2021年11月27日取得、https://www.jaccw.or.jp/wp-content/uploads/2020/09/H26_hokoku.pdf）

・日本介護福祉士会HP（2021）「生涯研修体系」、（2021年7月14日取得、https://www.jaccw.or.jp/about/kenshu）

・日本介護福祉士会HP（2021）「令和2年度事業報告書」、（2021年11月29日取得、https://www.jaccw.or.jp/wp-content/uploads/2021/05/R02_jigyouhoukoku.pdf）

・日本介護福祉士会HP（2022）「都道府県会員数」、（2022年10月25日取得、https://www.jacsw.or.jp/introduction/kokaijoho/shibubetsukaiin.html）

・日本看護協会（1987a）「医療福祉7職種、制度化の動き－看護業務との関連で本会対応－」、昭和62年3月15日、『協会ニュース』、第248号

・日本看護協会（1987b）「『介護福祉士検討会』終わる―老人中心に協働するには看護がリーダーシップを―」、昭和62年10月15日、『協会ニュース』、第255号

・日本看護協会HP（2012）「介護施設における看護職のための系統的な研修プログラム」、（2021年8月31日取得、https://www.nurse.or.jp/home/publication/pdf/fukyukeihatsu/kaigoshisetsu_program.pdf）

・日本看護協会HP（2021）「准看護師制度について」、（2021年8月31日取得、https://www.nurse.or.jp/aim/jyunkan/index.html）

・認定介護福祉士認証・認定機構HP（2021）「認定介護福祉士養成研修の体系」、（2021年11月29日取得、http://www.nintei-kaishi.or.jp/certification/curriculum.php）

・認定介護福祉士認証・認定機構HP（2022）「認定介護福祉士の認定」、（2022年10月25日取得、

https://www.jaccw.or.jp/nintei/procedure/certify）
・西村洋子（2005）『介護福祉論』誠信書房
・柊崎京子・佐藤富士子・倉持有希子・安藤美樹・小林結美・楠永敏惠（2019）「介護福祉士養成校卒業生による『喀痰吸引等』実施の現状と課題：卒業後1年以内に実地研修を受けた者へのインタビュー結果から」『介護福祉学』、26（2）、65-76
・小田兼三（2000）「第2部第1章 介護福祉学の考え方と学問性」、岡本千秋・小田兼三・大塚保信・西岡祐吾編著、『介護福祉学入門』、中央法規出版
・小川栄二（1998）「第Ⅰ部3章、ホームヘルプ労働のあるべき姿と改善課題」、河合克義編書、『ホームヘルプの公的責任を考える』、あけび書房
・小川栄二（2002）『社会福祉労働の専門性と現実-第5章ホームヘルプ労働の専門性』、かもがわ出版
・岡本民夫（1988）「社会福祉の専門性」、仲村優一・秋山智久編、『福祉のマンパワー』、中央法規出版
・岡本民夫（1989）「はしがき」、岡本民夫・久垣マサ子・奥田いさよ編、『介護概論』、川島書店
・大熊由紀子（2010）『物語介護保険（上）―命の尊厳のための70のドラマ―』、岩波書店
・大塚保信（2000）「第2部第2章 介護福祉学の目標と学際性」、岡本千秋・小田兼三・大久保信・西岡祐吾編著、『介護福祉学入門』、中央法規出版
・小野哲郎（1988）「社会福祉士・介護福祉士法の成立と諸問題―社会福祉の現業活動と教育・研究活動への影響と今後の課題―」『明治学院論叢』、429・430、161-223
・臨時行政改革推進審議会民間活力推進方策研究会（1985）「民間活力の発揮推進のための行政改革の在り方」、昭和60年2月12日（2011年11月11日取得、http://www.ipss.go.jp/publication/j/shiryou/no.13/data/shiryou/syakaifukushi/291.pdf）
・老人保健福祉審議会（1996）「高齢者介護保険制度の創設について」、平成8年4月22日、（2011年11月11日取得、http://www.ipss.go.jp/publication/j/shiryou/no.13/data/shiryou/syakaifukushi/993.pdf）
・斎藤邦雄（1986）「『社会福祉士法』試案の再検討を」『老人福祉』73、40-44
・佐草智久（2016）「家庭奉仕員制度の歴史における『間隙』―1970年代における社会的位相に着目して―」『立命館人間科学研究』、第34号、19-33
・真田是・総合福祉研究所編集（2016）真田是著作集（第3巻社会福祉論）、福祉のひろば
・佐藤豊道（1988a）「第1章 介護福祉の概念と枠組み、4.介護福祉援助技術の枠組み」、古川孝順・佐藤豊道・奥田いさよ編集、『介護福祉』、有斐閣
・佐藤豊道（1988b）「第4章 介護福祉の専門性と専門職」、古川孝順・佐藤豊道・奥田いさよ編集、『介護福祉』、有斐閣
・瀬田公和・村田正子・板山賢治・仲村優一・杉本照子（1987）「『社会福祉士及び介護福祉士法』の成立と今後の展望（特集・座談会）」『月刊福祉』、70（9）、12-41
・渋谷光美（2014）『家庭奉仕員・ホームヘルパーの現代史―社会福祉サービスとしての在宅介護労働の変遷―』生活書院
・嶋田芳男（2015）「在宅福祉サービス内容の改善に関する基礎的研究―ホームヘルプサービ

スに焦点をあて—」、『東京家政学院大学紀要』、第55号、1-13
・塩見里紗・山田順子・居村貴子・熊谷佳余子・常国良美・名木田恵理子（2021）「介護福祉士養成課程における『医療的ケア』教育」『川崎医学会誌 一般教養篇』、47巻、59-70
・白旗希実子（2011）『介護職の誕生—日本における社会福祉系専門職の形成過程—』東北大学出版会
・シルバー新報（2017）「首都圏の特養ホーム 派遣に平均1,400万円も—人件費率引き上げ必要—」、平成29年12月7日、3頁
・須賀美明（1996）「日本のホームヘルプにおける介護福祉の形成史」『社会関係研究』2（1）：87-122
・社会福祉振興・試験センターHP、「社会福祉士・介護福祉士・精神保健福祉士の都道府県別登録者数」、（2022年10月25日取得、https://www.sssc.or.jp/touroku/pdf/pdf_tourokusya_year_r04.pdf）
・社会保障審議会福祉部会（第5回）（2015）「2025年に向けた介護人材の確保～量と質の好循環の確立に向けて～」平成27年2月25日、（2020年11月14日取得、https://www.mhlw.go.jp/file/05-Shingikai-12601000-Seisakutoukatsukan-Sanjikanshitsu_Shakaihoshoutantou/0000075800_1.pdf）
・社会保障審議会福祉部会（第20回）（2017）「参考資料1 介護人材に求められる機能の明確化とキャリアパスの実現に向けて」、平成27年12月18日、（2011年11月24日取得、https://www.mhlw.go.jp/file/05-Shingikai-12601000-Seisakutoukatsukan-Sanjikanshitsu_Shakaihoshoutantou/0000188577.pdf）
・社会保障審議会福祉部会（第23回）（2019a）「資料2 介護福祉士養成施設卒業生に対する国家試験の義務付けについて」、令和元年11月11日、（2021年7月13日取得、https://www.mhlw.go.jp/content/12201000/000564745.pdf）
・社会保障審議会福祉部会（第23回）（2019b）「議事録」、令和元年11月11日、（202年3月24日取得、https://www.mhlw.go.jp/stf/newpage_08975.html）
・社会保障審議会福祉部会（第24回）（2019c）「議事録」、令和元年12月16日（2021年3月24日取得、https://www.mhlw.go.jp/stf/newpage_08060.html）
・社会保障審議会福祉部会福祉人材確保専門委員会（第11回）（2017）「資料 求められる役割に適切に対応できる介護福祉士の育成方策」、平成29年9月26日、（2021年8月12日取得、https://www.mhlw.go.jp/stf/shingi2/0000178742.html）
・社会保障審議会介護保険部会（第93回）（2022）「資料2 地域包括ケアシステムの更なる深化・推進」、令和4年5月16日（2022年10月13日取得、https://www.mhlw.go.jp/content/12300000/000938163.pdf）
・社会保障審議会介護給付費分科会（第123回）（2015）「資料6介護報酬でのサービスの質の評価の導入に関する取組について」、平成27年6月25日、（2022年12月12日取得、https://www.mhlw.go.jp/file/05-Shingikai-12601000-Seisakutoukatsukan-Sanjikanshitsu_Shakaihoshoutantou/0000089752.pdf）
・社会保障審議会介護給付費分科会（2017）「平成30年度介護報酬改定に関する審議報告」、平成29年12月18日（2020年11月14日取得、https://www.mhlw.go.jp/file/05-Shingikai-12601000-

Seisakutoukatsukan-Sanjikanshitsu_Shakaihoshoutantou/0000188369.pdf)

・社会保障審議会介護給付費分科会（第142回）（2017）「参考資料1 訪問介護及び訪問入浴介護」、2頁、平成29年7月5日、（2020年12月30日取得、https://www.mhlw.go.jp/file/05-Shingikai-12601000-Seisakutoukatsukan-Sanjikanshitsu_Shakaihoshoutantou/0000170289.pdf)

・社会保障審議会介護給付費分科会（第157回）（2018）「参考資料1 介護報酬改定の改定率について」、平成30年1月17日（2020年12月31日取得、https://www.mhlw.go.jp/file/05-Shingikai-12601000-Seisakutoukatsukan-Sanjikanshitsu_Shakaihoshoutantou/0000191437.pdf)

・社会保障審議会介護給付費分科会（第181回）（2020a）「資料2 令和 全国ホームヘルパー協議会提出資料」、令和2年8月3日、（2021年11月26日取得、https://www.mhlw.go.jp/content/12300000/000655200.pdf)

・社会保障審議会介護給付費分科会（第181回）（2020b）「資料2 令和 日本ホームヘルパー協会提出資料」、令和2年8月3日、（2021年11月26日取得、https://www.mhlw.go.jp/content/12300000/000655188.pdf)

・社会保障審議会介護給付費分科会（第198回）（2021）「参考資料3 令和3年度介護報酬改定に関する審議報告」、令和3年1月13日、（2021年7月14日取得、https://www.mhlw.go.jp/content/12300000/000718180.pdf)

・社会保障審議会介護給付費分科会介護事業経営調査委員会（第31回）（2020）「資料4 令和2年度介護従事者処遇状況等調査結果の概要（案）」、令和2年10月30日、（2021年8月25日取得、https://www.mhlw.go.jp/content/12300000/000689849.pdf)

・衆議院（2017）「地域包括ケアシステムの強化のための介護保険法等の一部を改正する法律」、（平成二十九年六月二日法律第五十二号）、（2021年12月4日取得、https://www.shugiin.go.jp/internet/itdb_housei.nsf/html/housei/19320170602052.htm)

・衆議院（2020）「地域共生社会の実現のための社会福祉法等の一部を改正する法律」（令和二年六月一二日法律第五二号）、（2021年11月24日取得、https://www.sangiin.go.jp/japanese/joho1/kousei/gian/201/meisai/m201080201043.htm)

・高木和美（1998）『新しい看護・介護の視座―看護・介護の本質からみた合理的看護職員構造の研究』、看護の科学社

・高橋幸裕（2015）『介護職の職業的発展課題と専門能力』帝塚山大学出版会

・竹内孝仁（1986）「資格のための条件」『老人福祉』、73、32-35

・田中雅子（1997）「日本介護福祉士会の組織・活動状況と今後の取り組み」、『月間福祉』、1997、80（3）、36-37

・田中安平（2006）「第6章 介護現場からの介護福祉思想」、一番ヶ瀬康子・黒澤貞夫監修、『介護福祉思想の探求―介護の心のあり方を考える―』、ミネルヴァ書房

・田家英二（2016）「デンマークの教育と福祉―インテグレーションと尊厳あるケアの実践―」『鶴見大学紀要』、第53号、第3部、29-32

・地域包括ケア研究会（2016）「地域包括ケアシステムを構築するための制度論等に関する調査研究事業報告書―概要版―」、平成26年3月、（2021年11月11日取得、https://www.murc.jp/uploads/2014/05/koukai_140513_c8_g.pdf)

・都道府県介護予防担当者・アドバイザー合同会議（第1回）（2015）「資料1 地域包括ケア

システムの構築」、平成27年5月19日、（2021年11月19日取得、https://www.mhlw.go.jp/file/05-Shingikai-12301000-Roukenkyoku-Soumuka/0000086353.pdf）
・東京都介護人材総合対策検討委員会（2020）「第8期高齢者保健福祉計画に向けた介護人材対策の方向性について」、（2020年12月10日取得、https://www.fukushihoken.metro.tokyo.lg.jp/kourei/hoken/jinzai-iinkai/houkousei_2020.files/houkokusyo.pdf）
・坪山孝（1989）「第2章 第1節 介護とは」、岡本民夫・久垣マサ子・奥田いさよ編、『介護概論』、川島書店
・長寿社会開発センター（1995）「ホームヘルパー養成研修カリキュラム検討委員会報告書（抜すい）」平成7年3月、（2020年11月14日取得、https://www.ipss.go.jp/publication/j/shiryou/no.13/data/shiryou/syakaifukushi/521.pdf）
・中央社会福祉審議会（1981）「当面の在宅老人福祉対策のあり方について（意見具申）」、『月刊福祉』、65巻（1）82-93
・山本栄子（1997）「第14章 介護の質の向上に何が必要か」、一番ヶ瀬康子監修、日本介護福祉学会編、『介護福祉職にいま何が求められているか』、ミネルヴァ書房
・横山正子（2016）「介護福祉士の医療的ケア教育を始めての一考察」、『神戸女子大学健康福祉学部紀要』（8）、67-78
・吉岡なみ子（2011）「介護職の『専門性』に対する認識と評価—介護老人保健施設の場合—」、生活社会科学研究、第17号、71-83
・全国ホームヘルパー協議会HP（2021）「全国ホームヘルパー協議会とは」、（2012年12月4日取得、https://www.homehelper-japan.com/）
・全国厚生労働関係部局長会議(2018)「政策統括官(総合政策担当)資料」、平成30年1月18日、（2021年11月11日取得、https://www.mhlw.go.jp/topics/2018/01/dl/tp0115-s01-18-01.pdf）
・全国労働組合総連合（2019）「介護労働実態調査報告書」、（2021年11月25日取得、https://www.zenroren.gr.jp/jp/kurashi/data/2019/190424_03.pdf）
・全国社会福祉協議会 住民主体による民間有料（非営利）在宅福祉サービスのあり方に関する研究委員会（1987）「住民参加型在宅福祉サービスの展望と課題」、（2020年11月14日、http://www.ipss.go.jp/publication/j/shiryou/no.13/data/shiryou/syakaifukushi/325.pdf）
・全国社会福祉協議会編（1979）「在宅福祉サービスの戦略：在宅福祉サービスのあり方に関する研究報告」、115-187
・全国社会福祉協議会・老人福祉施設協議会編（1985）「社会保障制度審議会（昭和60年1月）（資料）、老人福祉の在り方について（建議）」『老人福祉』、69号、89-98
・全国社会福祉協議会在宅福祉サービス研究委員会(1977)「在宅福祉サービスに関する提言」、（2020年11月14日取得、http://www.ipss.go.jp/publication/j/shiryou/no.13/data/shiryou/syakaifukushi/105.pdf）
・神谷保男（2013）「現場からのオピニオン〜介護現場はいま〜老健施設に求められているもの」『老健』、44-45

## あとがき

　本書は、筆者が在籍していた立命館大学大学院社会学研究科へ、2022年3月に提出した学位論文（原題「専門職としての介護職の存立基盤－人材不足問題と専門性の検討から－」）を修正加筆して刊行したものです。

　博士論文執筆にあたっては、立命館大学大学院の先生方及び職員の方々、諸先輩方からのたくさんのご指導をいただきました。働きながら論文を完成させることは険しい道のりでしたが、諦めずに今日を迎えることができたのは、多くの方々の励ましと支えのおかげです。

　主指導教官となってくださった石倉康次先生には、入学から修了までの長きにわたってたいへんお世話になりました。私は、現場実践の中で生じたさまざまな思いが溢れる一方で、研究論文としてそれを冷静に整理していくことに度々躓きました。石倉先生は、私の思いを汲んでくださり、リサーチクエスチョンとして表出できるように、気長にかつ適切なご指導、貴重なご助言によって導いてくださいました。副指導教官となってくださった小川栄二先生には、豊富な実践経験から、ホームヘルパーに関する制度の変遷や考え方についての数多くのご指導をいただくとともに、貴重な資料なども授けてくださいました。また、提出期限ギリギリで困っている時や、社会学分野の研究作法に戸惑っている時など、長時間にわたって細やかにかつ温かくご指導をいただきました。斎藤真緒先生は、副指導教官を快く引き受けてくださり、「ケア」について考えるうえでの多くの貴重な示唆をいただきました。介護と看護の同質性を踏まえたうえでの今後の介護職のあり方、介護職の労働条件とジェンダーの問題など、これから研究を深めていくべき課題についてご指導いただきました。その他、公聴会において、社会学研究科の先生方には多くのご指導をいただきました。諸先生方のご指導、支え、励ましに心から感謝申し上げます。

　また、出版にあたっては、クリエイツかもがわの田島英二氏、水田萌氏にたいへんお世話になりました。とくに、水田氏には、出版経験のない私に対

して、終始丁寧なご助言やきめ細やかなご配慮をいただきました。出版期限ぎりぎりでのやりとりとなり、たいへん忙しい思いをさせご迷惑をおかけしたことと思います。おかげさまでここまでたどり着くことができました。深く感謝申し上げます。

　最後に、仕事をしながら、学位論文執筆と本書の出版に至ることができたのは、家族皆の理解と、励まし、支えがあったからです。皆に心から感謝します。

2023年3月　石川　由美

本書は、「立命館大学大学院博士課程後期課程　博士論文出版助成制度」による出版物です。

著者プロフィール

石川　由美（いしかわ　ゆみ）

・帝京平成大学健康医療スポーツ学部准教授
・1967年　高知県高知市生まれ
・2022年　立命館大学大学院社会学研究科応用社会学専攻博士課程後期課程修了。
　　　　　博士（社会学）。

看護師。社会福祉士。介護支援専門員。
高知市の医療機関・訪問看護ステーションで看護師として勤務。その後、在宅介護支援セン
ター（現在、地域包括支援センター）で勤務したことをきっかけに福祉の現場と出会う。
神奈川県横浜市にて特別養護老人ホーム管理者として勤務。
高知福祉専門学校専任教員、高知県立大学社会福祉学部助教、浦和大学短期大学部教授を
経て、2022年4月より現職。

［専　　門］社会福祉学（介護福祉、高齢者福祉）
［主な論文］「介護職の専門性と介護労働をめぐる問題－先行研究の整理による到達点をも
　　　　　　とにした研究成果と実践の対比－」『浦和論叢』、第65号、2021年
　　　　　　「介護人材確保と専門性構築の矛盾－ホームヘルパーに対する人材確保政策の
　　　　　　経緯から－」『田園調布学園大学紀要』、第15号、2021年
　　　　　　「介護福祉士資格制度創設の経緯と専門性論の行方－関係諸団体による働きか
　　　　　　けの検討を中心に－」『田園調布学園大学紀要』、第14号、2020年

# 専門職としての介護職とは
人材不足問題と専門性の検討から

2023年3月31日　初版発行

著　者 ● ⓒ石川　由美
発行者 ● 田島英二　info@creates-k.co.jp
発行所 ● 株式会社 クリエイツかもがわ
　　　　〒 601-8382 京都市南区吉祥院石原上川原町 21
　　　　電話 075（661）5741　FAX 075（693）6605
　　　　https://www.creates-k.co.jp
　　　　郵便振替　00990-7-150584
装丁・デザイン ● 佐藤　匠
印刷所 ● モリモト印刷株式会社
ISBN978-4-86342-350-3 C0036　　　　　　　　printed in japan

## 循環型人材確保・育成とベトナムとの国際協力

鈴木清覚・佐野竜平／編著

人材確保に苦慮している福祉現場の挑戦。これまでの一方通行の外国人材確保・育成ではなく、共生社会の一員として位置づけた取り組み。ベトナムの大学・社会的企業とのパートナーシップに基づき、人材の成長や未来まで考慮するビジョンで「循環型人材育成」モデルを構築する実践から、真の外国人労働者との協働を展望する。 2200円

## 高齢者介護福祉従事者のストレスマネジメント
### 支援者支援の観点にもとづく対人援助職の離職防止とキャリア形成

松田美智子・南　彩子・北垣智基／著

離職防止とキャリア形成の具体的方策―「感情労働であるがゆえに疲弊している支援者が、いま自分自身のおかれている過酷ともいえる状況を自ら振り返って、そのことに気づき、改善の方法を考え、跳ね返していく力を身につけ、余裕をもって再度支援にあたることができれば、それは利用者へのサービスの質の向上につながる」といえるだろう。 2200円

## 認知症のパーソンセンタードケア　新しいケアの文化へ

トム・キットウッド／著　高橋誠一／訳

**2刷**

認知症の見方を徹底的に再検討し、「その人らしさ」を尊重するケア実践を理論的に明らかにし、世界の認知症ケアを変革！ 認知症の人を全人的に見ることに基づき、質が高く可能な援助方法を示し、ケアの新しいビジョンを提示。 2860円

## よいケア文化の土壌をつくる　VIPSですすめるパーソン・センタード・ケア第2版

ドーン・ブルッカー　イザベル・レイサム／著　水野　裕／監訳　中川経子・村田康子／訳

よいケア文化の重要な特徴7項目を新たに！
認知症ケアの理念「パーソン・センタード・ケア」。調査研究で明らかになった、よいケア文化の重要な特徴7項目を新たに示した、実践に役立つガイドブック第2版！ 2640円

## 認知症で拓くコミュニティ　当事者運動と住民活動の視点から

手島　洋／著

認知症とともに生きるまちとは、どのような構成要素が備わり、その力がどのように発揮されるまちなのだろうか。認知症の人と家族による当事者運動の実践が果たす役割、認知症の人や家族と協働することで組織化されてきた住民活動の実践が果たす役割の2つの視点から検討する。 2640円

## パーソンセンタードケアで考える　認知症ケアの倫理
### 告知・財産・医療的ケア等への対応

ジュリアン・C・ヒューズ／クライヴ・ボールドウィン／編著　寺田真理子／訳

認知症の告知・服薬の拒否・人工栄養と生活の質・徘徊などの不適切な行動…コントロールの難しい問題を豊富な事例から考える。日常のケアには、倫理的判断が必ず伴う。ケアを見直すことで生活の質が改善され、認知症のある人により良い対応ができる。 1980円

## ソーシャルワークの復権　新自由主義への挑戦と社会正義の確立

イアン・ファーガスン／著　石倉康次・市井吉興／監訳

「社会正義の福祉（ソーシャルワーク）」を提起！ イギリスの福祉の市場化の歴史、動向を丹念かつ緻密に分析、ソーシャルワークの重要な価値基盤である社会正義や平等の形骸化に警鐘！ 介護保険導入以来、同じ道をたどる日本、多くの貧困者を生み出している政治・社会に、社会正義と平等のソーシャルワークの復権を提起する。 2640円

## ごちゃまぜで社会は変えられる 地域づくりとビジネスの話
一般社団法人えんがお　濱野将行／著

作業療法士が全世代が活躍するごちゃまぜのまちをビジネスにしていく物語。地域サロン、コワーキングスペース、シェアハウス、地域食堂、グループホーム。 徒歩2分圏内に6軒の空き家を活用して挑んだ、全世代が活躍する街をビジネスで作る話。1980円

## 当事者主動サービスで学ぶピアサポート
飯野雄治・ピアスタッフネットワーク／訳・編

ピアサポートを体系的に学べるプログラム
科学的根拠に基づく実践プログラム（EBP）。アメリカ合衆国の厚生労働省・精神障害部局（SAMHSA）が作成したプログラムを日本の制度や現状に沿うよう加筆、編集。
3300円

## 生活困窮者自立支援も「静岡方式」で行こう!! 2
相互扶助の社会をつくる
津富宏・NPO法人青少年就労支援ネットワーク静岡／編著

すべての人が脆弱性を抱える社会を生き抜くために、地域を編み直し、創り直すことで、地域が解決者になるための運動を提起する。　　　　2200円

## 犯罪を起こした知的障がい者の就労と自立支援
瀧川賢司／著

就労の促進要因の追究で、新たな知見を得た論究、直接インタビューや自由記述から、犯罪を起こしたことを特別視せず、働く能力を重視し、就労の喜びを発見、成長＝自立支援。障がい者を受け入れる産業界で働いた経験、障がい者施設に勤務する立場から産業、福祉両業界との連携を斬新な視点で提起。　　　　2860円

## ヤングでは終わらないヤングケアラー
きょうだいヤングケアラーのライフステージと葛藤

仲田海人・
木村諭志／編著

閉じられそうな未来を開く！　ヤングケアラー経験者で作業療法士、看護師になった立場から作業療法や環境調整、メンタルヘルスの視点、看護と精神分析、家族支援の視点を踏まえつつ、ヤングケアラーの現状とこれからについて分析・支援方策を提言。　　　　2200円

## 子ども・若者ケアラーの声からはじまる
ヤングケアラー支援の課題

斎藤真緒・濱島淑恵・
松本理沙・京都市ユース
サービス協会／編

事例検討会で明らかになった当事者の声。子ども・若者ケアラーによる生きた経験の多様性、その価値と困難とは何か。必要な情報やサポートを確実に得られる社会への転換を、現状と課題、実態調査から研究者、支援者らとともに考察する。　2200円